हमारी अधूरी कहानी

हमारी अधूरी कहानी

महेश भट्ट
अरुणा मुकिम

वाणी प्रकाशन

वाणी प्रकाशन

4695, 21-ए, दरियागंज, नयी दिल्ली 110 002

फ़ोन : +91 11 23273167 फ़ैक्स : +91 11 23275710

शाखाएँ

अशोक राजपथ, पटना 800 004, बिहार

कॉफ़ी हाउस कैम्पस, महात्मा गांधी मार्ग, इलाहाबाद 211 001, उत्तर प्रदेश

महात्मा गांधी अन्तरराष्ट्रीय हिन्दी विश्वविद्यालय, वर्धा 442 001, महाराष्ट्र

सुल्तानिया रोड, मोतिया पार्क, भोपाल 462 001, मध्य प्रदेश

www.vaniprakashan.com
marketing@vaniprakashan.in
sales@vaniprakashan.in

Hamari Adhoori Kahani
by Mahesh Bhatt, Aruna Mukim

ISBN : 978-93-90678-73-0
Novel

प्रथम संस्करण 2021

मूल्य : ₹ 299

आर. टेक ऑफ़सेट प्रिंटर्स, दिल्ली-110032 में मुद्रित

वाणी प्रकाशन का लोगो मक़बूल फ़िदा हुसेन की कूची से

कैसा था वह स्वप्न...।

...जंगल में अभी भी एकान्त और अन्धकार पसरा हुआ था। यद्यपि वहाँ भोर के पहले की हलचल शुरू हो गयी थी। उसी समय वहाँ एक राज्य परिवहन की बस, साँप की तरह रेंगते हुए, उस जंगल की सड़क के मध्य में आकर खड़ी हो गयी थी। उसकी हेडलाइट से निकलने वाले प्रकाश से आसपास का सब कुछ दिखने लगा था।

वह बस से उतर गयी थी। उसने एक लाल रंग का स्वेटर पहन रखा था। उसने अपने बैग से एक नक़्शा निकाला, और उसमें कुछ देखने का प्रयास करने लगी। अब सूर्योदय की हल्की अरुणिमा भी फैलने लगी थी। उसके चेहरे पर परेशानी का भाव स्पष्ट दृष्टिगोचर होने लगा था।

"ओह, यहाँ तो कोई भी नहीं दिख रहा है! अब मैं क्या करूँ?" वह अपने से बोली।

उसने देखा कि पास में ही एक पत्थर पर लिखा था—बस्तर 3 किलोमीटर। तभी शायद उसे सीने में तेज़ दर्द का अहसास हुआ। उसने अपने हाथ से उस स्थान को दबाने की चेष्टा की। इतने में हवा का एक तेज़ झोंका आता है और उसके हाथों से वह नक़्शा उड़कर दूर चला जाता है; और फिर, वह औंधे मुँह ज़मीन पर गिर जाती है।

"अरे, उसे रोको! उसे उठाओ!" वह मरीज़ आई.सी.यू. में चिल्लाते हुए कहने लगा।

वह लगभग 50 वर्ष का था।

"हरि! क्यों शोर मचा रहे हो?" डॉक्टर प्रमोद बापट ने उससे पूछा।

हरि के गले में रुद्राक्ष और माणिक की मालाएँ पड़ी हुई थीं।

अपनी अँगुलियों में उसने कई प्रकार की अँगूठियाँ धारण कर रखी थीं। उसके माथे पर एक बड़ा-सा तिलक लगा हुआ था। डॉक्टर बापट के साथ मौजूद अन्य डॉक्टर भी उसी की ओर देखने लगे थे।

"डॉक्टर, मुझे उसके पास होना चाहिए।"

डॉ. बापट बोले, "अपने दिमाग़ में व्यर्थ का बोझ मत डालो हरि!"

इस पर, अपने ही ख़यालों में डूबे हुए हरि कहने लगा, "लाल कपड़ों में वह बहुत सुन्दर लग रही थी, डॉक्टर।"

"अपने दिमाग़ को मत भटकने दो हरि!" डॉक्टर प्रमोद बापट ने कहा।

तब बहुत ही क्षुब्ध स्वर में हरि कहने लगा, "पिछली रात वसुधा मुझसे मिलने आयी थी।"

"यह असम्भव है," डॉक्टर बापट ने कहा।

अपनी ही रौ में हरि कहने लगा, "इस गर्मी में भी पता नहीं क्यों उसने उस लाल रंग के स्वेटर को पहन रखा था। उसकी साँस रुक-रुक कर चल रही थी। वह बहुत कष्ट में थी। मैंने उसे आराम से लेट जाने की सलाह दी थी। पर उसने मना कर दिया।" हरि फिर कुछ क्षण ख़ामोश रहा। डॉक्टर बापट के चेहरे पर चिन्ता स्पष्ट झलक रही थी। "फिर, उसने मुझसे वह सवाल पूछा था।" हरि ने कहा।

"कौन-सा सवाल, हरि?" डॉक्टर बापट ने मुस्कराकर पूछा।

तब बहुत गम्भीर स्वर में हरि ने कहा, "उसने पूछा, 'मरने के बाद राधा कहाँ जायेगी?' तब मैंने कहा, 'क्यों पूछ रही है यह सब वसुधा?' यह तो बहुत आसान-सा प्रश्न है! 'कैसे?' उसने पूछा। मैंने कहा, 'वह अपने कृष्ण में विलीन हो जायेगी और कहाँ जा सकती है वह, वसुधा!' मेरे उत्तर से उसका चेहरा खिल उठा था। वह मेरे क़रीब आ गयी थी। मेरी आँखों में गहराई से झाँकते हुए उसने कहा, 'इसको भूलना नहीं हरि!' और फिर वह मेरी आँखों के सामने सूर्य की रोशनी में विलीन हो गयी थी।"

"हिज़ माइण्ड इज़ वेरी डिस्टर्ब्ड," डॉक्टर बापट ने उन जूनियर डॉक्टरों से कहा। फिर हरि की ओर देखते हुए उन्होंने कहा, "दिमाग़ से काम लो, हरि! तुमसे कोई भी नहीं मिला। तुमने कुछ नहीं देखा!" वे कुछ देर के लिए रुक गये थे। "यह मत भूलो कि वसुधा को मरे 20 वर्ष हो गये?"

"इस पर हरि कुछ आक्रोश से बोला, "मुझे मालूम है कि आप मेरी बात का विश्वास नहीं करेंगे।"

"तुम्हें अपनी इच्छा-शक्ति का प्रयोग करना पड़ेगा नहीं तो तुम बिखर जाओगे।" डॉक्टर बापट ने कहा। हरि मुस्कराने लगा। फिर डॉक्टर बापट कहने लगे, "जो कुछ भी तुमने मुझसे कहा वह केवल मति भ्रम है! हरि, यह मत भूलो कि तुम इस होटल की सबसे महँगी कार के ड्राइवर हो। अभी तक मेरे कारण तुम्हें अपनी छुट्टी की भी पगार मिल रही है! चलो मैं तुम्हें कुछ और दवाएँ लिख देता हूँ।"

हरि धीमे से स्वर में बड़बड़ाते हुए कहने लगा, "सच में डॉक्टर उसने लाल स्वेटर पहन रखा था।"

"ठीक है, ठीक है, अब तुम ख़ूब आराम करो," डॉक्टर ने खीज कर कहा।

अस्पताल के कर्मचारी उसे वार्ड की ओर ले जाने लगे।

"नमस्ते!" एक युवा महिला ने उससे कहा।

"कौन हो तुम, बेटा?"

"मैं हूँ अवनी... आपकी बहू... साँझ की पत्नी।"

"साँझ! कौन साँझ?"

अवनी तब ख़ामोश रही थी और हरि को साथ ले वह लौट आयी थी, अपने घर। साँझ कोठी में ही था। वहाँ भारी भीड़ थी। पुलिस वाले भी वहाँ दिख रहे थे। उस गहमागहमी एवं कोलाहल के बीच भी एक सन्नाटा-सा फैला हुआ था।

यह क्या हुआ?" साँझ किसी से कह रहा था, "अवनी और मैं सिंगापुर हमारी नयी कम्पनी के उद्घाटन के लिए गये थे। माँ यहाँ अकेली थीं। अब पुलिस कमिश्नर के यहाँ से फ़ोन आया कि माँ बस्तर से तीन किलोमीटर दूर सड़क पर पड़ी मिलीं। माँ ने 108 दिन का व्रत रखा था। जैसे सती ने शिव को पाने के लिए! पर अब सब समाप्त हो गया है!"

कई प्रकार के प्रश्न साँझ से पूछे जा रहे थे लोगों द्वारा।

"तुम्हारी माँ बस्तर में क्या कर रही थीं?"

"क्या उन्हें वहाँ कोई काम था?"

"वे बीमार थीं क्या?"

"वे सिंगापुर क्यों नहीं गयीं?"

...अवनी हरि के संग आ गयी थी।

"मुझे छोड़कर तुम क्यों चली गयी, वसुधा?" हरि ने रोते हुए कहा।

"धैर्य रखें आप," साँझ ने हरि के कन्धे पर हाथ रखते हुए कोमल स्वर में कहा।

इस पर हरि ने कहा, "यही होना था तेरी आवारा ज़िन्दगी का अंजाम। वसुधा! आख़िर सड़क पर ही मरी ना तू।"

साँझ क्रोधित हो गया। उसने कठोर स्वर में कहा, "कितने हृदयहीन हो तुम। अवनी ने भूल की तुम्हें यहाँ ला कर। माँ के ख़िलाफ़ एक शब्द नहीं सुन सकता मैं। चुप हो जाओ, नहीं तो धक्के मार कर निकलवा दूँगा यहाँ से।"

अवनी ने उसे शान्त करना चाहा, "वे तुम्हारे पिता हैं।"

साँझ ने और क्रोध से कहा, "अवनी, मैंने तुम्हारी बात मानकर बड़ी भूल की। इस पागल और कुटिल व्यक्ति को अपने घर आने दिया।"

एक विद्रूप हँसी के संग हरि ने कहा, "मैं पागल नहीं हूँ। वह मुझसे मिलने आयी थी। समझे! क्या उसने लाल रंग का स्वेटर नहीं पहन रखा था?"

साँझ उसे वहाँ से घसीटकर ले गया और एक कमरे में उसे बन्द कर दिया। वहाँ भीड़ में एक ख़ामोशी छा गयी थी उस नाटकीय घटना से। वसुधा के मृत शरीर की राख चाँदी के घड़े में बन्द थी।

वह एक चाँदनी रात थी। सारा मकान एक अजीब-सी उदासी में घिरा नज़र आ रहा था। खिड़की से छन कर आने वाली चाँद की रोशनी में वह चाँदी का घड़ा जिसमें वसुधा की मृत राख रखी हुई थी, साफ़ नज़र आ रहा था। उसी समय एक साये ने उसके पास पहुँचकर उसे, उसके फ्रेम से उठा लिया। अचानक अवनी के क़दमों की आहट से साँझ हडबड़ाकर उठ बैठा।

"क्या बात है अवनी? क्यों इतनी बेचैन लग रही हो?" साँझ ने पूछा।

"मुझे माफ़ कर दो साँझ।"

"किस बात के लिए माफ़ कर दूँ?"

"मुझे तुम्हारी बात को सुन लेना चाहिए था।"

"पहेली मत बुझाओ अवनी। साफ़-साफ़ कहो क्या हुआ है?"

"तुम्हारे पिता को, तुम्हारी माँ की अन्तिम क्रिया में शामिल करना ठीक ही होता।" कुछ क्षण चुप रहने के बाद उसने कहा, "अब देखो क्या कर दिया है उन्होंने?"

"क्या कर दिया है उन्होंने, अवनी?"

"मैंने उन्हें ख़ुद से बात करते हुए सुनकर उनके कमरे में झाँक कर देखा। वे वहाँ नहीं थे। फिर मैंने अस्थिकलश वाले कमरे में झाँक कर देखा। मैं तुम्हें नहीं जगाना चाहती थी। वे एक काग़ज़ पर कुछ लिख रहे थे।"

"आप सो जायें। आपका कमरा तैयार है पापा," मैंने उनसे अनुरोधपूर्ण स्वर में आग्रह किया।

"बड़ी प्यास लगी है। मुझे पानी पिला दो, अवनी," उन्होंने अधिकारपूर्ण स्वर में कहा।

"मैं जब उनके लिए पानी लेकर वापस आयी, वे उस कलश को लेकर भाग गये थे।"

"क्या कहा अवनी? वे अस्थिकलश लेकर भाग गये हैं?"

"यह सच है, साँझ!"

उसने काग़ज़ का वह टुकड़ा साँझ को दे दिया।

हरि की आवाज़ जैसे साँझ के कानों में गूँजने लगी, "आज मुझे अपनी ज़िन्दगी का अर्थ मिल गया है। मैं अपनी आज तक की सारी भूलों को सुधार कर अपनी आत्मा का बोझ कम करना चाहता हूँ, बेटे। वसुधा की अस्थियों को गंगा में बहाना ठीक नहीं रहेगा। उसे वहीं बहाया जायेगा, जहाँ वह चाहकर भी न पहुँच सकी। राधा तो कृष्ण में ही समाने के लिए बनी थी ना! और उसी में समायेगी भी वह!"

साँझ की आँखें आर्द्र हो उठीं।

"यह सब क्या है, साँझ?" अवनी ने पूछा।

अपने हृदय की भावनाओं को व्यक्त करते हुए, साँझ ने अवनी से कहा, "अवनी, आज बहुत बड़ा दिन है... आज हमारे जीवन की अधूरी कहानी पूरी होने जा रही है।"

अवनी ने अपने भीतर एक मीठी-सी सिहरन का अनुभव किया। उसे बहुत अच्छा लगा कि उसके पति को अब एक मानसिक सहारे की आवश्यकता का अनुभव शायद हो रहा था। अवनी को पूरी तरह से अपने पति के भीतर उत्पन्न होने वाले उस विराट शून्य की छाया स्पष्ट रूप से दीख रही थी। वे क्षण अत्यन्त महत्त्वपूर्ण थे उसके पति साँझ के लिए। अवनी बहुत संवेदनशील महिला थी।

"साँझ!" उसने धीमे स्वर में अपने पति की ओर देखते हुए कहा।

"क्या कुछ कहना है अवनी?" साँझ ने उदास स्वर में पूछा।

"मैं कुछ कहना चाहती हूँ।"

"कहो!"

"तुम्हें अपने को बिखरने से रोकना होगा।"

"तुम्हें कैसे लगा कि मैं बिखर जाऊँगा?" साँझ ने पूछा।

"तुम बिखर रहे हो साँझ। मुझे समझ में आ रहा है।"

"तुम शायद कुछ अधिक कल्पना कर रही हो, अवनी!"

"नहीं, साँझ जो भी मैं कह रही हूँ वह पूरी तरह सच है और मुझे इसमें ज़रा भी सन्देह नहीं है," अवनी ने कुछ चिन्तित स्वर में कहा।

"अवनी, मैं भी तुमसे कुछ कहना चाहता हूँ।"

साँझ के ऊपर एक तीक्ष्ण दृष्टि डालते हुए, अवनी ने कहा, "मैं तुम्हें पूरी तरह समझती हूँ।"

"मुझे सन्देह है," साँझ ने कहा।

"मैं भी कुछ कहूँ।"

"कहो!"

"तुम ग़लती कर रहे हो!"

"कैसे?"

"एक संवेदनशील पत्नी सब कुछ समझती है। इसे कभी मत भूलना।"

"क्या कहना चाहती हो तुम, अवनी?"

"जो कुछ भी मैं कहना चाहती हूँ वह तुम्हें स्पष्ट होना चाहिए," अवनी ने साँझ को तीखी नज़र से देखते हुए कहा।

"अवनी, मुझे तो कुछ भी समझ में नहीं आ रहा है। तुम अपने मन की बात को स्पष्ट करो।"

"ठीक है! करती हूँ।" वह कुछ क्षणों के लिए रूक गयी। साँझ उसकी ओर एकटक देख रहा था। एक लम्बे मौन को तोड़ते हुए अवनी ने कहा, "तुम्हारे भीतर घर कर गये दुख को मैं अब पूरी तरह से समझने लगी हूँ। अपने भीतर बस गये निराशा के हिमखण्ड को पिघल जाने दो साँझ।" वह एक बार फिर कुछ क्षणों के लिए चुप रही और कुछ सोचने लगी। फिर अत्यन्त कोमल स्वर में वह कहने लगी, "साँझ, मैं तुम्हें बहुत प्रेम करती हूँ। तुम्हारी मूक वेदना से मैं एकदम व्याकुल हो जाती हूँ।"

अवनी के उन प्रेम भरे शब्दों से साँझ के भीतर एक नयी आशा की किरण दौड़ गयी। उसने बहुत कोमलता से अवनी को अपनी भुजाओं के बीच में लेते हुए कहा, "अवनी, अब और लम्बे समय तक मैं अपने मन को बोझिल नहीं रख सकता; परन्तु क्या तुम मेरे दुख का बोझ उठाने के लिए तैयार हो?"

"यह कैसा सन्देह तुम अपनी पत्नी पर कर रहे हो साँझ?"

"मुझे नहीं मालूम मैं क्यों अपने जीवन से दुखी हूँ!"

इस पर अवनी ने कहा, "मैं जानती हूँ इसका कारण!"

"क्या है इसका कारण?"

"तुमको दूसरों की संवेदनशीलता पर विश्वास नहीं है।"

"शायद तुम ठीक कह रही हो, अवनी।"

"बिल्कुल ठीक कह रही हूँ", अवनी ने गम्भीर स्वर में कहा।

"क्या है तुम्हारे विश्वास का आधार।"

"कोई बड़ी बात नहीं है।"

"मुझे तो जटिल लगती है।"

"साँझ।"

"क्या है अवनी?"

"मुझे तुम्हारी चिन्ता है।"

"क्यों?"

"मैं तुम्हें हमेशा ख़ुश देखना चाहती हूँ।"

"क्या मैं ख़ुश नहीं लगता?"

"नहीं लगते हो!"

"क्या कारण है तुम्हारे इस विश्वास का?"

"लोगों की भीड़ में भी तुम अलग-अलग से रहते हो।"

"शायद तुम ठीक कह रही हो, अवनी!"

"एक बात और कहूँ!"

"अब कैसा संकोच! कह भी दो जो कुछ तुम कहना चाहती हो।"

"तुम मुझे एक संवेदनशील पत्नी और मित्र के रूप में पूर्ण पाओगे।"

फिर अवनी को बड़े प्रेम से निहारते हुए उसने कहा, "अब समय आ गया है कि मैं तुम्हें अपनी माँ की ज़िन्दगी का सच बता दूँ।"

इस पर अवनी ने कहा, "साँझ तुम्हारे इस विश्वास एवं प्यार के प्रति धन्यवाद।"

उसे याद आने लगा था, अपनी माँ का वह पत्र जो वह खुद लिख रही थी वहाँ उस रात के सन्नाटे में।

"जन्मदिन की ढेर सारी बधाइयाँ, साँझ। अब तुम बहुत बड़े हो गये हो। पूरे पाँच साल के! तुम्हारी मम्मी कह रही थीं कि तुम कम्प्यूटर जीनियस हो। मैं इसीलिए तुम्हें यह कम्प्यूटर भेज रहा हूँ अपने दोस्त के हाथ जो इण्डिया आ रहा है। मुझे माफ़ करना बेटे, तुम्हारे जन्मदिन पर नहीं आ सका। पर मैं जल्दी घर आऊँगा। एक अच्छा बेटा बन अपना ख़याल रखना।"

तुम्हारा पापा

"हैप्पी बर्थडे बेटे।" वसुधा ने बहुत प्यार से कहा।

साँझ जग जाता है और मुस्कराकर अपनी माँ की ओर देखता है।

वसुधा प्यार से चूमते हुए उसे वह पत्र और गिफ़्ट देती है।

"साँझ देखो तुम्हारे लिए पापा ने क्या भेजा है?"

"लेकिन पापा कहाँ हैं?" कुछ देर चुप रहने के बाद उसने उदास स्वर में पूछा, "क्या इस वर्ष भी नहीं आयेंगे?"

उसको अपनी बाँहों में लेते हुए वसुधा ने कहा, "मैंने कहा था ना तुमसे कि वह किसी और देश में अपने देश के लिए कोई ख़ास काम कर रहे हैं। वह थोड़े ही दिनों में वापस आ जायेंगे।" फिर वह साँझ को बहलाने के लिए एक गमले के पास ले जाती है, और फिर एक छोटे से फूल को दिखाते हुए कहती है, "देखो भगवान भी तुम्हें हैप्पी बर्थडे विश कर रहे हैं!"

इतने में बिजली कड़कती है। साँझ अपनी माँ से चिपक जाता है।

वसुधा ने उसे अपने अंक में भर लिया और फिर कहा, "डरो मत, साँझ! यह भगवान की आवाज़ है। इसी के द्वारा वे हमसे बात करते हैं और हमें छूते हैं इन फूलों की रंगीनियों और खुशबू से।"

साँझ उन फूलों को सूँघता है और फिर आसमान की ओर देखते हुए कहता है, "थैंक्यू गॉड।"

"अब जल्दी नहा-धोकर स्कूल जाने के लिए तैयार हो जाओ," वसुधा ने साँझ से कहा।"

वसुधा ने अपने द्वार में कई ताले लगा रखे थे। वह किसी अज्ञात भय से हमेशा ग्रस्त-सी लगती। उसे लगता है ताले न होने पर कोई घर में घुस जायेगा।

जब साँझ और वसुधा सड़क पर चलना शुरू कर देते हैं तो कई कुत्ते उनको देख कर भौंकने लगते हैं। वे चुपचाप वहाँ से निकल जाना चाहते हैं। इसे देख कुत्ते और ज़ोर से भौंकने लगते हैं। उनमें से एक कुत्ता काफ़ी बड़ा एवं डरावना दिख रहा था। साँझ वह पत्र निकाल लेता है और उसे पिस्तौल की तरह, उस कुत्ते की ओर तानते हुए कहता है, "ये मेरे पापा का लैटर है। वह शीघ्र वापस आने वाले हैं, आने दो उन्हें फिर देखो मैं तुम्हें कैसे ठीक करता हूँ।"

कुत्ता न जाने क्यों एकदम शान्त हो गया था उस समय।

"देखा मम्मी, पापा के नाम ने उसे कैसे डरा दिया।" साँझ ने कहा।

उस क्षणों वसुधा के चेहरे पर एक उदास हँसी आ गयी थी। उसी समय उसे मोहल्ले के दो आवारा युवक सैमसन और अनिल पान वाले के यहाँ सिगरेट ख़रीदते नज़र आये। अपनी मोटरसाइकिल को चलाते हुए वे वसुधा के क़रीब आ गये और उसे बेहद अश्लील तरह से देखने लगे थे। वसुधा ने साँझ को अपने संग चिपका लिया था। उन दोनों ने उसका दुपट्टा खींच कर सड़क पर फेंक दिया।

साँझ ने अपनी बच्चों वाली आवाज़ में ललकारते हुए कहा था, "गोली मार दूँगा।"

"ऐसे बुरे लोगों से कुछ नहीं बोलना चाहिए, साँझ," वसुधा ने कहा और ज़मीन में गिरे अपने दुपट्टे को उठा लिया।

वसुधा ने अपनी ज़िन्दगी को सँवारने की कोशिश नहीं छोड़ी। उसने एक पाँच-सितारा होटल में जॉब ले ली थी। वहाँ जो एक फ्लॉवर रूम था, वहीं पर। पहले ही दिन वहाँ उसकी भेंट होती है, एक दिलखुश महिला से। वह थी मैडी। लम्बी, चौड़ी और दिलदार। उसके हाथ में एक टेबलॉयड था। उसने ज़ोर से पढ़ते हुए कहा, "भारत का सबसे चर्चित बैचलर आरव डारा इस शहर में आया है। हाय, एक नज़र भर वह मुझ पर डाल ले! मेरे इस मोटे शरीर को चूमकर एक राजकुमारी के रूप में परिवर्तित कर दे। कैसे रहती हूँ मैं अपनी सौतेली माँ और उसकी तीन बदसूरत बेटियों के संग एक बेडरूम के अपार्टमेण्ट में? हाय मेरी फूटी तक़दीर!"

वसुधा को समझने में देर नहीं लगी कि मैडी एक जीवन्त चरित्र थी। फिर मुस्कराते हुए उसने मैडी से कहा, " सिंड्रेला जी क्या आप मुझे ये बताने का कष्ट करेंगी कि क्यों आप मुझे अपने इन हसीन ख़्वाबों से परेशान कर रही हैं? देखो मैं पूजा कर रही हूँ।" फिर रुक कर उसने पूछा, "और यह आरव डारा कौन है? हमें उससे क्या लेना-देना?"

मैडी हँसने लगी थी। "वसुधा, तुम तो ज़िन्दगी से पूरी तरह कटी लगती हो।"

"ऐसा क्यों कह रही हो?"

"फिर क्या कहूँ। तुम्हें यह भी नहीं मालूम कि यह आरव डारा कौन है?"

"कौन है?" वसुधा ने पूछा।

मैडी ने कहा, "माई डियर वसुधा, यह आरव 108 होटलों का मालिक है, लेकिन उसका कोई ख़ुद का घर नहीं है।"

"ऐसा क्यों?"

मैडी ने कहा, "एक इण्टरव्यू में उसने कहा था कि उसका घर एयर इण्डिया की सीट नम्बर-1 है।"

"यह बात है।" वसुधा ने कहा।

उसकी तरफ़ देखते हुए मैडी ने कहा, "और अभी दो घण्टों के भीतर वह इस होटल के प्रेसीडेंशियल सुइट में पहुँचने वाला है। माई डियर वसुधा, अपनी हाउस कीपिंग डायरेक्टर ने कहा है कि तुम उस रूम को सजाओ और साथ ही साथ उसमें अपना ख़ास टच भी दिखाओ... केवल दो घण्टे के भीतर।"

वसुधा ने कहा, "मैडी लीना से तुम क्यों नहीं कहतीं कि वो भाड़ में जाये।"

वसुधा की पीठ लीना की ओर थी। लीना ने उसे सुन भी लिया था। वह कहने लगी, "क्या लीना को मालूम नहीं कि अभी हमें बैंक्वेट हॉल भी सजाना है ब्रन्च के लिए और शाम के लिए क्रिस्टल बालरूम भी। और अब वह उम्मीद कर रही हैं कि मैं तुम्हारे उस मोस्ट एलीजिबल बैचलर के कक्ष को ख़ास टच के संग तैयार करूँ।"

अब लीना बोल पड़ी, "वसुधा, तुम सबसे न्यारी हो। मुझे तुम पर पूरा विश्वास है।"

वसुधा ने कहा, ''माई डियर मैडम लीना, यह इतना आसान तो नहीं है। फूलों की ख़ूबसूरती में एक कविता छुपी रहती है। होटल के अन्य सारे काम तो फ़ोन घुमाने मात्र से हो जाते हैं।''

लीना ने बड़े अनुरोध भरे स्वर में कहा, ''मुझे बचा लो वसुधा! मुझे क्या मालूम था कि यह आरव डारा यूँ आ धमकेगा बग़ैर किसी पूर्व सूचना के। तभी तो मैं तुम्हें पहले नहीं बता पायी।''

वसुधा बोली, ''मेरे पास समय नही है, लीना, मुझे माफ़ करो। मैं जा रही हूँ।''

लीना ने कहा, ''वसुधा क्या तुम मुझे इस तरह भँवर में छोड़ दोगी?''

''नहीं... करूँगी लीना,'' वसुधा ने कहा।

इस पर लीना ने इत्मीनान से मुस्कराते हुए मैडी से कहा, ''अब वह यह काम ज़रूर करेगी।''

दोनों हँसने लगे थे।

प्रेसीडेंशियल सुइट की सजावट करने के बाद वसुधा उसको ग़ौर से देखने लगती है। फूल सुन्दर लग रहे थे। उनसे कमरे की सजावट बहुत आकर्षक हो गयी थी। उन फूलों से निकलने वाली सुगन्ध बहुत मादक थी। वातावरण में एक ताज़गी छा गयी थी।

''वाह, कितने सुन्दर हैं, ये फूल।'' तभी किसी ने कहा।

वह आरव की आवाज़ थी। वह कक्ष के बीचोंबीच आ कर खड़ा हो गया था। उसका व्यक्तित्व अत्यन्त भव्य था। कामयाबी की झलक उसके चेहरे पर साफ़ झलक रही थी। उसका व्यवहार एकदम सीधा एवं सरल था। वसुधा को वह एक अच्छा इनसान लगा था।

एक फूल की ओर इशारा कर, आरव ने वसुधा से पूछा, ''इस फूल का क्या नाम है?''

''इसे लाइलक कहते हैं,'' वसुधा ने मुस्कराकर कहा।

''यानी कि पहले प्यार की निशानी।'' आरव ने कुछ विचित्र स्वर में कहा। वह एकटक वसुधा को निहार रहा था।

इस पर वसुधा ने कहा, ''सर, मैं इतना नहीं जानती इसके बारे में।''

वसुधा की सरलता एवं साफ़गोई ने आरव को बहुत प्रभावित किया। खिड़की के बाहर एक इन्द्रधनुष निकल आया था आसमान में।

और फिर, खिड़की के बाहर देखते हुए उसने कहा, ''देखो, बाहर कितना सुन्दर दृश्य है! इन फूलों की महक से आसमान भी सतरंगी हो गया है। यह आपकी कला का कमाल है।'' वह कुछ देर के लिए चुप हो जाता है। और जब वह फिर से बोलने लगता है, तो उसकी आँखों में बहुत गहरी प्रशंसा का भाव आ जाता है, ''क्या इसके लिए मुझे कुछ अलग से मूल्य भी चुकाना पड़ेगा?''

वसुधा अपनी उस प्रशंसा से शरमा जाती है। पर भीतर ही भीतर उसे अच्छा भी लगा था। फिर बड़ी मासूमियत से आरव की ओर देखते हुए उसने कहा, ''सर, ऐसे नज़ारों के लिए कुछ भी अतिरिक्त क़ीमत नहीं चुकानी पड़ती है। यहाँ सिर्फ़ रहने का ख़र्च लगता है। बाकी सब प्राप्त करने के लिए एक कलात्मक सोच एवं दृष्टि होनी चाहिए।''

उसकी सरलता ने आरव को बहुत प्रभावित किया था। कुछ आगे आकर, उसने बहुत ग़ौर से उन फूलों को निहारा। ''तुम्हें अपने काम से बहुत प्रेम है ना?'' उसने पूछा।

वसुधा उसकी ओर आश्चर्यमिश्रित दृष्टि से देखने लगी। ''आपको कैसे मालूम पड़ा, सर?''

इस पर आरव ने कहा, ''यह कोई बहुत बड़ा रहस्य नहीं है। तुम्हारे काम करने के ढंग से ही यह पता लग जाता है। सच तो यह है कि किसी भी व्यक्ति के व्यक्तित्व की झलक उसके काम में मिल जाती है। हमारे भीतर की ख़ुशबू हमारे चारों ओर फैल जाती है।''

''धन्यवाद सर!'' वसुधा ने कहा। उसने देखा कि आरव ने उसका नाम पढ़ लिया था।

''तुम्हारी प्रतिभा तुम्हें बहुत ख्याति दिलायेगी वसुधा,'' आरव ने कहा।

''धन्यवाद सर! आपका दिन बहुत अच्छा बीते ये मेरी शुभकामना है आपको।''

और जब वह जाने लगी, तब आरव ने कहा, ''और कौन-सा काम तुम्हें पसन्द नहीं वसुधा?''

उसके प्रश्न से वसुधा चौंक गयी और फिर कुछ हकलाते हुए संकोच भरे स्वर में उसने पूछा, ''आपके प्रश्न का अर्थ मुझे समझ में नहीं आया, सर!''

आरव ने अपने हैण्डबैग को बिस्तर पर फेंक दिया और फिर अपने जूतों को उतारने लगा। फिर वसुधा की ओर देखते हुए वह कहने लगा,

“हम सबको अपने काम से प्यार होता है। लेकिन कभी-कभी ऐसा भी होता है कि हम उनसे भी घृणा करने लगते हैं जिनसे हमें अपार प्रेम रहा है। क्या है वह जिससे तुम नफ़रत करती हो?”

कुछ क्षणों की ख़ामोशी के बाद, मन्द स्वर में वसुधा ने कहा, “फूलों की सजावट को मैं बचपन से ही बहुत प्यार करती रही हूँ। मेरे भीतर एक फ्लोरिस्ट की आत्मा रची-बसी है।” फिर वह रुककर कुछ सोचने लगी। आरव उसकी ओर देख रहा था। फिर एक लम्बे अन्तराल के बाद वह कहने लगी, “मुझे फूलों का तोड़ा जाना बेहद नापसन्द है। उन टहनियों से जहाँ उनका जन्म होता है। मैं उन्हें जीवन की अनमोल सौग़ात मानती हूँ। यहाँ तक कि किसी मनुष्य या भगवान पर उन्हें चढ़ाया जाना मुझे पसन्द नहीं है। मुझे घृणा होती है जब हम अपनी ख़ुशी के लिए उनको तोड़ देते हैं।”

वसुधा के शब्दों ने आरव के भीतर एक कोहराम मचा दिया था। उसे समझ में नहीं आ रहा था कि वह वसुधा से क्या कहे। एक लम्बे अन्तराल के बाद उसने कहा, “वसुधा, तुम्हारी सोच का नयापन मुझे बहुत भा रहा है। कहाँ छुपी हुई थीं तुम अब तक? जिस रत्न की मुझे अभी तक तलाश रही है, शायद, वह तुम्ही हो!” वह कुछ क्षणों के लिए रुककर कुछ सोचने लगा था। वसुधा को समझ में नहीं आ रहा था कि वह क्या प्रतिक्रिया दे। वह कुछ कह पाती, उसके पहले आरव फिर कहने लगा, “मुझे लगता है कि तुम एक बहुत बड़ी संवेदना की मालिक हो। तुम्हारे भीतर एक मौलिकता समायी हुई है। इस कमरे की यह सजावट इस बात का प्रतीक है कि तुम्हारी कल्पना की सीमा आसमान को भी छू सकती है।”

ऐसी प्रशंसा वसुधा को जीवन में प्रथम बार मिली थी। आरव की पैनी दृष्टि की वह उन क्षणों में कायल हुई जा रही थी। उसने अपने भीतर एक कोमल गुदगुदाहट का अनुभव किया। फिर अपने को सँभालकर वह कहने लगी, “सर, मैंने एक बहुत ही साधारण-सा कार्य किया है। इसे कोई अन्य व्यक्ति भी इसी प्रकार सहजता से कर सकता था। लेकिन आपकी प्रशंसा मुझे प्रेरणा प्रदान करेगी। मुझे लगता है कि आप एक गुणग्राही व्यक्ति हैं। मुझे तो अब लग रहा है कि आप हमेशा दूसरों में गुणों को खोजते रहते हैं। शायद इसी कारण मेरा छोटा-सा योगदान भी आपको अपूर्व लग रहा है।”

वसुधा की बात को सुनकर आरव ज़ोर से हँसने लगा। और जब वसुधा उसकी ओर कुछ आश्चर्य से देखने लगी, तो आरव कहने लगा, "वसुधा, मैं कई वर्षों से इस होटल व्यवसाय से जुड़ा हुआ हूँ। देश-विदेश में मेरे होटलों की शृंखला है। आज तक मैंने कभी भी किसी की व्यर्थ में प्रशंसा नहीं की है। तुम किसी से भी मेरे बारे में कुछ भी पूछ सकती हो। मेरे सारे कर्मचारी मुझे एक कठोर व्यक्ति बतायेंगे। यहाँ किसी भी व्यक्ति में यह क्षमता नहीं है कि मेरी बाहरी कठोरता के पीछे छुपी हुई उदासी को समझ सके। उन सबकी नज़रों में, मैं सिर्फ़ एक व्यापारी हूँ; जिसे धन कमाना तो आता है पर वह मन और उसकी भावनाओं को समझ ही नहीं सकता। शायद उनकी नज़र में, मैं केवल एक पाषाण खण्ड हूँ, और कुछ नहीं!"

वसुधा के भीतर भावनाओं का एक सैलाब-सा उठ खड़ा हुआ था। उसे तब लगा था कि सारे वैभव के मध्य में खड़ा आरव एक अकिंचन जीवन जी रहा था। उसे किसी ऐसे सहारे की आवश्यकता थी, जो उसके भीतर की उस घनीभूत पीड़ा को अपनी समझ और सहानुभूति से समाप्त कर दे।

अपने उन भावों के दबाते हुए वह कहने लगी, "सर, आपके भीतर मुझे एक सहृदय व्यक्ति की छवि दिख रही है। मुझे लग रहा है कि आप एक सफल व्यवसायी होते हुए भी, एक भावनाशून्य व्यक्ति नहीं हैं।"

वसुधा के शब्दों ने आरव को भावनाओं से ओत-प्रोत कर दिया। उसने आगे बढ़कर बड़ी कोमलता से वसुधा के दोनों हाथों को पकड़ लिया। फिर वह कहने लगा, "वसुधा, तुम्हारे शब्दों ने मेरे भीतर की इच्छा को जगा दिया है। मुझे एक दोस्त की तलाश रही है। एक ऐसा दोस्त जो अब शायद मुझे मिल भी जाये।"

वसुधा ने हौले से अपने हाथों को, आरव से छुड़ा लिया। आरव ने कोई भी प्रतिक्रिया नहीं व्यक्त की। उसे शायद इस बात का ध्यान ही नहीं था।

"सर, आप क्या कहना चाह रहे हैं, मुझे समझ में नहीं आ रहा है," वसुधा ने आरव से कहा।

"इसमें समझने वाली कोई भी गहरी बात नहीं है, वसुधा!"

"फिर भी मैं इसे और अच्छी तरह समझना चाहती हूँ, सर।"

"मेरा जीवन और हर प्रकार की प्रतिक्रिया हमेशा स्पष्ट रहती है, वसुधा।"

"मैं यह नहीं मानती।"

"क्यों?"

"यह मेरा अपना विचार है।"

"तो क्या सोच रही हो तुम मेरे बारे में अब?"

"आप भ्रमित हैं।"

"मैं भ्रमित हूँ! कैसे?"

"आप को शायद यह लगता है कि व्यापार में संलग्न हर व्यापारी को बाहर से कठोर दिखना चाहिए।"

"तो यह है तुम्हारा मेरे बारे में प्रथम विचार?"

"विचार तो बदल भी जाते हैं पर इन क्षणों में मुझे लग रहा है कि आप भीतर-ही-भीतर किसी अन्य प्रकार के जीवन की चाहत रखते हैं। जो मैं कहना चाहती हूँ वह यह कि आप अपने इस वर्तमान जीवन से पूरी तरह असन्तुष्ट से लगते हैं।" वसुधा फिर कुछ क्षणों के लिए मौन हो गयी। आरव एकटक उसकी ओर देख रहा था। वसुधा ने अपने भीतर एक नयी शक्ति का संचार अनुभव किया। फिर वह बोली, "आप के भीतर शायद एक खीज समा गयी है।"

"तुम कहना क्या चाहती हो?"

"यही कि आपको अपने भीतर के अँधेरे से बाहर निकलना होगा।"

"और अगर न निकल सका तो?"

"तो आपका भीतरी एकाकीपन और गहरा हो जायेगा।"

"क्या तुम मेरे अकेलेपन को हटाने में मेरी मदद करोगी?"

वसुधा आरव के शब्दों से चौंक गयी थी। "शायद मैं कुछ ज़्यादा बोल गयी, सर। आई एम सॉरी।"

"तुम्हें माफी माँगने की आवश्यकता नहीं है, वसुधा सत्य को झुठलाया तो नहीं जा सकता है!" कुछ क्षणों तक चुप रहने के बाद वह बोला, "वसुधा, मैं सच्चाई का हमेशा से प्रशंसक रहा हूँ। तुम्हारी सच्चाई तुम्हारे चेहरे से झलकती है।"

वसुधा के चेहरे पर खुशी की लहर दौड़ गयी। उसे लगा कि आरव को जिस सच्चाई की तलाश थी, वह आरव को उसमें दिख रही थी।

"मैं अब चलती हूँ, सर", वसुधा ने कहा और दरवाज़े की ओर चलने लगी।

"धन्यवाद वसुधा! आज तुमने मेरे सामने एक नया आयाम प्रस्तुत किया है," तभी आरव ने बहुत गम्भीर स्वर में कहा। फिर कुछ क्षणों की ख़ामोशी के बाद उसने कहा, "वसुधा, बाहर 'डोण्ट डिस्टर्ब' का बोर्ड लगा दो। मैं 18 घण्टे से सोया नहीं हूँ। अब सोना चाहता हूँ।" उसके चेहरे पर एक मुस्कान आ गयी और फिर वह कहने लगा, "कहते हैं कि मौत मुकम्मल नींद है और नींद आधी मौत। अब इस दुनिया के लिए मैं कुछ समय तक मर जाना चाहता हूँ।"

उसके बाद वसुधा उस सुइट से बाहर आ गयी थी। उसने आरव के आदेश का पालन करते हुए 'डोण्ट डिस्टर्ब' का बोर्ड लगा दिया था। उसने कॉरिडोर में चलते हुए एक बड़ी खिड़की से बाहर झाँक कर देखा। इन्द्रधनुष अब भी बना हुआ था। आरव के बारे में सोचते हुए वह आसमान की ओर एकटक देखती रही। उन क्षणों में वसुधा ने अपने भीतर एक ख़ास हलचल महसूस की।

कार्य ख़तम होने पा वह घर जाने की तैयारी करने लगती है।

"अरे क्या बात है? आज ओवर टाइम करने वाली लड़की ड्यूटी छोड़ भाग रही है। कुशल-मंगल!" लम्बे-चौड़े सिक्योरिटी गार्ड, त्रिलोक सन्धू उसे देख परिहासपूर्ण स्वर में बोल पड़े।

तब हँसते हुए वसुधा ने कहा, "आज मेरे बेटे का जन्मदिन है। उसे मछलियाँ दिखाने के लिए एक्वेरियम ले जा रही हूँ।"

इस पर त्रिलोक सन्धू ने कहा, "बच्चे के जन्मदिन की बहुत बधाई। भगवान उसे कामयाब आदमी बनाये।" फिर कुछ रुक कर वह कहने लगा, "पर अपने हिस्से के चार सौ रुपये देकर जाओ।" उसके चेहरे पर एक मुस्कराहट आ गयी "तुम्हारी वह पहलवान मैडी कह रही थी तुम अपने पति के संग इस वर्ष फिर स्टाफ की दीवाली पार्टी में नहीं आ रही हो, क्यों?"

इस पर वसुधा ने कहा, "आपने ठीक सुना है। मैं नहीं आ रही हूँ। मेरा पति शहर में नहीं है। आपको तो मालूम ही है कि यह लग्ज़री टैक्सी का काम कैसा है।"

इस पर सन्धू बड़े भद्दे ढंग से हँसने लगा। और, जब वह उसकी ओर देखने लगी, तो उसकी ओर कुछ झुकते हुए, वह कहने लगा, "अब तक एक बार भी तुम दोनों ने इस स्टाफ पार्टी को नहीं अटैण्ड किया है। कहीं तेरे हरि ने विदेश में कोई और दूसरी औरत तो नहीं रख ली है?"

वसुधा को झटका-सा लगता है। बहुत गम्भीर स्वर में उसने कहा, "सन्धू जी, कभी भूल कर भी दोबारा ऐसा मज़ाक़ न करना।"

उसकी आँखों में आँसू भर आये थे।

इस पर सन्धू ने कहा, "लो, अब तुम बुरा मान गयी। मैं केवल मज़ाक़ कर रहा था।"

चुपचाप वसुधा वहाँ से चल पड़ी थी। तभी सायरन बजने लगा था। एक स्वर फैल गया। "आप सब इस इमारत से बाहर निकल जायें।" सन्धू सबसे बाहर निकल जाने के लिए कह रहा था। वसुधा को 'डोण्ट डिस्टर्ब' बोर्ड की याद आ गयी।

वसुधा ने सन्धू से कहा, "प्रेसीडेंशियल स्वीट का गेस्ट सो रहा है, उसे कैसे बचायेंगे?

इस पर सन्धू ने कहा, "सुन रही हो सायरन कितनी ज़ोर से बज रहा है। वह भी जग जायेगा और सबकी तरह भागकर अपने को बचा लेगा," यह कहते हुए वह बाहर की ओर भागने लगा।

वसुधा ने उसका रास्ता रोक लिया। फिर वह कहने लगी, "आप इस होटल के सिक्योरिटी इंचार्ज हैं। आप यह क्या कर रहे हैं?"

इस पर सन्धू कर्कश स्वर में बोला, "तो क्या बीस हज़ार रुपयों के लिए अपनी जान दे दूँ?"

वसुधा सन्धू के गले में लटके प्रवेश कार्ड को खींच लेती है, और आरव के सुइट की ओर दौड़ पड़ती है। सारे होटल के सदस्य नीचे की ओर दौड़ रहे थे। वह मैडी से टकरा जाती है। मैडी हाँफते हुए नीचे की ओर दौड़ रही थी।

"कहाँ जा रही है तू। वसुधा," उसने पूछा।

मैडी को छोड़ वह ऊपर की ओर दौड़ चली थी। धुआँ चारों ओर फैल चुका था। वसुधा उसके सुइट तक पहुँच गयी थी। बोर्ड अब भी लटका हुआ था। वह घण्टी बजाती है। फिर कोई उत्तर न मिलने पर वह प्रवेश कार्ड द्वारा दरवाज़े को खोलती है। आरव बग़ैर किसी परेशानी

के शान्त वहाँ बैठा हुआ था। अलार्म अभी भी बज रहा था और धुआँ फैल रहा था।

"सर, सर!" वसुधा ने हाँफते हुए कहा।

"क्या बात है वसुधा? बहुत घबराई लग रही हो!"

"सर, होटल में आग लग गयी है।"

आरव उसकी ओर देखने लगा।

"अलार्म बज रहा है। सुनाई नहीं दे रहा है आपको क्या?"

इस पर आरव हँसने लगा। फिर फ़ोन उठा कर वह एक नम्बर मिलाता है। फिर उसने किसी से कहा, "अपूर्वा, पूरे साढ़े नौ मिनट बाद कोई मेरी जान बचाने आया है। लेकिन कोई सिक्योरिटी का व्यक्ति नहीं। यह एक फ्लोरिस्ट है। हमारा ड्रामा कामयाब रहा। अपने बाकी स्टाफ के संग मेरे रूम में आ जाओ। इस स्मोक मशीन को बन्द कर दो अब।"

वसुधा हतप्रभ रह गयी। अपने पलँग से उठ कर, अब आरव एकटक उसकी ओर देखने लगा। उसकी आँखों में असीम प्रशंसा का भाव था।

"तुम जानना चाहती हो यह क्या हो रहा है, वसुधा?"

"हाँ!" उसने मन्द स्वर में कहा।

उसी समय अपूर्वा जनरल मैनेजर के संग वहाँ पहुँच गयी। लीना और दो अन्य जूनियर अधिकारी भी वहाँ पहुँच गये थे। जनरल मैनेजर आरव से उम्र में कुछ ही बड़ा लग रहा था। उसका व्यक्तित्व काफ़ी प्रभावशाली लग रहा था।

तब आरव ने वसुधा से कहा, "वसुधा, यह अपूर्वा है, मेरे बचपन की मित्र और मेरी बिज़नेस मैनेजर। और अपूर्वा, यह है वसुधा, फ्लोरिस्ट। यह बहुत प्रतिभाशाली और बहादुर है। देखो तो यह किस प्रकार होटल की सिक्योरिटी की भी देखभाल कर रही है।" अपूर्वा चुप रहती है। "क्या मैंने ग़लत कहा है अपूर्वा?" आरव ने पूछा।

"तुम ठीक कह रहे हो आरव," अपूर्वा ने कृत्रिम उत्साह से कहा।

फिर आरव ने वसुधा से कहा, "वसुधा, मैं 108 होटलों का मालिक यों ही नहीं बन गया। किसी भी होटल को ख़रीदने के पहले मैं उसकी हर प्रकार से जाँच-पड़ताल करता हूँ। यह पता लगाने की कोशिश करता हूँ कि उसमें किस प्रकार के सुधार की आवश्यकता है।" फिर कुछ क्षण रुकने के बाद, वह मैनेजर से कहता है, "आहूजा, देखा इस होटल का हाल। अलार्म बजने के बाद भी वी.वी.आई.पी. गेस्ट को देर तक बचाने

कोई नहीं आया। यह दायित्व निभाया एक फ्लोरिस्ट ने। ऐसे सिक्योरिटी स्टाफ को बाहर निकाल फेंको।'' फिर अपूर्वा की ओर देखते हुए, आरव ने कहा, ''अपूर्वा, हम इस होटल को अब बहुत कम क़ीमत पर ख़रीदेंगे, और इस बात पर ख़ास ध्यान देंगे कि यहाँ हम मेहमानों का ऐसा ही ध्यान रखें जैसा कि आज वसुधा ने रखा है।'' फिर वह कुछ क्षणों के लिए रुक कर वसुधा की ओर देखने लगा। और उसने फिर कहना शुरू किया, ''वसुधा, आज मैं आपसे बहुत प्रभावित हो गया हूँ। आपका व्यवहार एक उच्च नैतिकता का संकेत देता है। आप यहाँ केवल एक फ्लोरिस्ट मात्र हैं। फिर आपकी ड्यूटी भी समाप्त हो गयी थी। लेकिन आपने वह किया जिसे औरों ने नहीं किया। खुद से पहले दूसरों की सेवा। मेहमान का पूरा ध्यान रखना ही इस व्यवसाय की पहली शर्त है।'' फिर वह अपूर्वा से बोला, ''अपूर्वा यह औरत वह ख़जाना है जो तुम्हें और कहीं नहीं मिलेगा।''

''थैंक्यू, सर!'' वसुधा ने उस समय मन्द स्वर में इतना ही कहा था।

आरव फिर कहने लगा, ''अपूर्वा मेरी सोच और क्रियाकलापों का दायरा स्व केन्द्रित है। मेरी ज़िन्दगी में हर किसी के लिए स्थान नहीं है। यहाँ के पूरे सिक्योरिटी स्टाफ को निकाल दो। और वसुधा को हम अपने दुबई वाले होटल में ले चलते हैं। वहाँ हमें अब नयी ऊँचाइयाँ प्राप्त करनी हैं और इसे हम केवल ऐसे ही सहायकों की मदद से प्राप्त कर सकते हैं। दुनिया भर में हमारे नौ हज़ार कर्मचारी इनके उदाहरण से प्रेरणा प्राप्त करेंगे।'' फिर कुछ क्षण रुक कर उसने वसुधा से पूछा, ''क्या आप हमारा ये प्रस्ताव स्वीकार करती हैं? क्या आप हमारे संग दुबई चलेंगी? हम आपको वहाँ दुगना पारिश्रमिक देंगे।''

वसुधा को समझ में नहीं आ रहा था कि वह क्या कहे। उसे ख़ामोश देख, आरव ने कहा, ''तीन गुना।''

फिर वसुधा ने कहा, ''धन्यवाद सर! मैं आपको हृदय से धन्यवाद देती हूँ। आपकी प्रशंसा मेरे लिए बहुत महत्त्वपूर्ण है। बहुत मूल्यवान है। इतने बड़े वेतन को मना करना मेरे लिए एक मुश्किल काम है। परन्तु इस समय इसे स्वीकार करना मेरे लिए सम्भव नहीं है। यहाँ मेरा एक परिवार है जिसे मैं किसी प्रकार नहीं छोड़ सकती।''

अपूर्वा और आरव उसके इस उत्तर से बहुत प्रभावित हुए। उनकी आँखों में प्रशंसा का भाव था।

फिर आरव ने कहा, ''यदि कभी तुम्हारा इरादा बदला तो मुझे बता देना। आप जैसे काम करने वालों के लिए हमारे यहाँ हमेशा जगह है।''

''वसुधा, ये सच कह रहे हैं,'' अपूर्वा ने कहा।

''मैं आपकी आभारी हूँ।'' वसुधा ने कहा।

वसुधा वहाँ से चल दी। पर ऐसा लगा जैसे कि वह आरव के दिल में अपनी छाप छोड़ गयी थी।

''एक दिन जब वसुधा सुइट से बाहर निकली तो मैडी उसकी ओर दौड़ते हुए आयी, ''वसुधा, तेरा फ़ोन ऑफ़ है क्या?'' उसने पूछा।

''हाँ! क्यों?''

मैडी ने कहा, ''साँझ के स्कूल से फ़ोन आया था।''

''क्या कहा उन्होंने, मैडी?''

''उन्होंने कहा कि साँझ को बान्द्रा क्राइम ब्रांच से लेना होगा। मुझे कुछ समझ में नहीं आया। क्या हो रहा है ये सब?''

वसुधा का चेहरा सफ़ेद हो गया। वह बोली, ''मुझे क्या पता, मैडी?'' उसके स्वर में गहरी चिन्ता थी।

फिर वह तेज़ी से होटल से बाहर निकल गयी थी। बाहर तेज़ धूप फैली हुई थी। वह ए.सी.पी. पाटिल के कक्ष में जाना चाहती थी।

''कहाँ जा रही हैं?'' एक पुलिस कांस्टेबल ने उससे पूछा।

वसुधा ने कांस्टेबल के प्रश्न का कोई जवाब नहीं दिया। वह पाटिल के कक्ष में घुस गयी। साँझ वहीं था।

''साँझ।'' वसुधा ने कहा।

वहाँ का वातावरण बिल्कुल अलग था। साँझ कम्प्यूटर की बड़ी स्क्रीन के सामने बैठा था। उसके हाथ में फेंटा थी। वह बहुत प्रसन्न था। उसके सामने एक बर्थडे केक भी रखा था और जो पत्र उसने साँझ के लिए सुबह लिखा था, वह पाटिल के टेबल पर रखा हुआ था। पाटिल का चेहरा भी शान्त और खिला हुआ था। पाटिल का पी.ए. देशमुख भी वहाँ बैठा हुआ था।

वसुधा को देखते ही साँझ कहने लगा, ''मम्मी डैडी को अभी फ़ोन करो और कहो कि मुझे इतना ही बड़ा कम्प्यूटर चाहिए जितना कि यह है। जो सुबह मुझे मिला था, वह नहीं। कितना छोटा है वह।''

पाटिल उठकर वसुधा के पास आता है और उसके सामने केक की प्लेट रखता है। फिर वह कहने लगा, "आपका बेटा बहुत होशियार है। अभी केवल पाँच वर्ष का है, पर कम्प्यूटर के बारे में जितना वह जान गया है, उतना मैं इस पचास वर्ष की उम्र में भी नहीं जानता हूँ। यह इण्डिया का बिल गेट्स बनेगा किसी दिन।"

वसुधा केक नहीं लेती। फिर वह मन्द स्वर में बोली, "आप यह सब क्यों कर रहे हैं? किसी पाँच साल के बच्चे से कोई ऐसा व्यवहार कैसे कर सकता है? यह उचित नहीं है, मिस्टर पाटिल! आप अपने इस पद का दुरुपयोग कर रहे हैं।"

पाटिल ने उसे घूर कर देखा। फिर उसने वह पत्र उठाकर कहा, "आओ मेरे संग, वसुधा।"

वे दोनों एक खाली कक्ष में पहुँच गये।

पाटिल ने कहा, "बात शुरू करने के पहले मैं यह कहना चाहता हूँ कि मुझे तुम्हारे संग पूरी सहानुभूति है। मैं तुम्हें बहुत सम्मान की दृष्टि से देखता हूँ। एक छोटी बहन की तरह तुम मेरे लिए हो! मैंने बहुत विवश होकर यह क़दम उठाया है। अब तुम्हें भी मेरा साथ देना चाहिए। वसुधा, हम तुम पर बहुत दिनों से नज़र रख रहे हैं।"

"क्या कारण है इसका?" वसुधा ने आक्रोश से पूछा।

तब पाटिल ने कहा, "पहले यह बताओ कि तुम इस प्रकार का झूठ क्यों बोल रही हो?" वह पाटिल की ओर देखने लगी। वह फिर कहने लगा, "हर महीने तुम हमारे पास आती हो और अपने लापता पति की तलाश में हमारी मदद माँगती हो। पिछले पाँच वर्षों से तुम यह कहती रही हो कि तुम्हारा पति एक अमेरिकन टूरिस्ट के संग खजुराहो गया था और फिर वापस नहीं आया। जबकि वह हमेशा तुम्हारे सम्पर्क में रहा है। तुम हमेशा यह कहती हो कि तुम्हें अपने पति के बारे में कुछ भी मालूम नहीं है। यह सब क्या है, वसुधा? मुझे कुछ समझ में नहीं आ रहा है। मुझे एक ईमानदार जवाब चाहिए। तुम्हें मालूम नहीं कि पुलिस को गुमराह करने के अपराध में तुम्हें गिरफ़्तार भी किया जा सकता है।"

एक सन्नाटा कुछ पल के लिए वहाँ छा जाता है।

वसुधा की आँखों में गहरी भावना की झलक थी जब वह बोली, "क्या किसी बच्चे की आशा को ज़िन्दा रखना अपराध है?

पाटिल साहब यह सब पत्र मैंने स्वयं लिखे हैं। सिर्फ़ अपने बच्चे की ख़ुशी के लिए, उसके पापा के नाम से। यह सच है कि मैं अपने बच्चे से झूठ बोलती रही हूँ। क्या करूँ? मैं बेबस हूँ। मैं उससे कहती रहती हूँ कि उसका पिता विदेश गया है और जल्दी लौटने वाला है।''

पाटिल उसकी ओर विस्मय से देखता रह गया। फिर उसने कहा, ''वसुधा तुम्हारे पति का टैक्सी का बिज़नेस केवल उसके अपराधों को छिपाने के लिए एक पर्दा मात्र था। वास्तव में वह आतंकवादियों से मिला हुआ है। दहशतगर्दी उसका मुख्य पेशा है। उसका गिरोह लोगों का अपहरण कर उनकी हत्या कर देता है। वही उन चार अमेरिकन पत्रकारों को खजुराहो ले गया था जहाँ उस आतंकी गिरोह ने निर्ममतापूर्वक उनकी हत्या कर दी।''

वसुधा को एक गहरा झटका लगा। उसके चेहरे का रंग उड़ गया। उसका स्वर कुछ रुष्ट था, जब उसने कहा, ''झूठ है यह सब! मेरा पति यह सब कभी नहीं कर सकता। वह एक मक्खी को भी नुक़सान नहीं पहुँचा सकता। यह सब क्या कह रहे हैं आप पाटिल साहिब।''

पाटिल उठा और अपनी फ़ाइल से एक फ़ोटो निकाल कर वसुधा को दिखाता है। उसमें उसका पति हरि चार अमेरिकन पत्रकारों के संग खड़ा था। ''यही है न तुम्हारा पति?'' पाटिल ने वसुधा से पूछा।

वसुधा तब केवल यही कह सकी, ''हाँ यही मेरा पति है।''

इस पर पाटिल ने कहा, ''अब इस बात में कोई शक नहीं कि वही इन सबको टोल नाका तक ले गया था, और वही हाईवे का आख़िरी छोर है। यहीं पर उन अमेरिकियों को मार दिया गया था,'' पाटिल ने कहा और फिर कुछ समय के लिए चुप होकर कुछ सोचने लगा। फिर उसने कहा, ''वसुधा अमेरिकी सरकार का भारी दबाव है हमारे ऊपर। पिछले पाँच सालों से इस केस को हल नहीं किया जा सका है। हमारी सरकार उनके हत्यारों को पकड़कर सज़ा देना चाहती है।'' पाटिल ने गम्भीर स्वर में कहा। वसुधा का चेहरा भाव शून्य हो गया था। इसे देख पाटिल फिर कहने लगा, ''मैं जानता हूँ कि तुम एक धार्मिक महिला हो। पर यह मत भूलो कि यह संसार भगवान के सहारे नहीं चलता है। केवल ताक़त और धन ही इसे चलाते हैं, वसुधा! केवल इन ख़तों के आधार पर भी तुम्हें अरेस्ट किया जा सकता है। कुछ उच्च पदाधिकारी एवं पॉलिटिशियन यह चाहते भी हैं। पर मैं जानता हूँ कि तुम इस बारे में निर्दोष हो।''

फिर कुछ रुक कर उसने वसुधा को सलाह देते हुए कहा, "वसुधा मुझे लगता है कि किसी दिन हरि तुम्हें ज़रूर फ़ोन करेगा। उस समय तुम भावना में मत बहना। तुम तुरन्त मुझे इसकी सूचना देना। मैं तुम्हें किसी प्रकार का कष्ट नहीं देना चाहता हूँ।"

वसुधा जब वहाँ से चलने लगी तो उसके क़दम लड़खड़ा गये। उसकी आँखों के आगे कुछ क्षणों के लिए अँधेरा छा गया था। उसके दिल का दर्द उसके चेहरे पर उभर आया था। साँझ के भविष्य की कल्पना मात्र से वह विचलित हो गयी थी। उसे केवल एक गहरा अन्धकार चारों ओर दिख रहा था।

उसे याद आ गयी थी अपनी बीती ज़िन्दगी।

उसके पिता गिरीश पण्डित का काफ़ी सम्मान था। वे अपने यजमानों के यहाँ पूजा-पाठ कराने जाते रहते थे।

"जय श्रीकृष्ण, पण्डित जी।" लोग रास्ते में उनका अभिवादन करते।

"जय श्रीकृष्ण," गिरीश पण्डित अभिवादन का उत्तर देते।

...उसके पिता केवल संस्कारों की दुहाई देते रहते थे।

"वसुधा, मैं तेरा विवाह हरि से कर रहा हूँ।" एक दिन उसके पिता ने उससे कहा।

"मगर बाबा मैं उससे प्यार नहीं करती हूँ। कैसे कर सकती हूँ मैं उससे शादी!"

उनके चेहरे का रंग उड़ गया था। उस पर अब क्रोध एवं सदमे का भाव था। वे अत्यन्त रुष्ट स्वर में बोले, "तू होश में तो है, वसुधा? हमारी अनेक पीढ़ियों ने अपने संस्कारों की रक्षा की है।" फिर वे कुछ क्षणों के लिए चुप हो उसे घूरने लगे थे। उस लम्बी ख़ामोशी को तोड़कर वे कहने लगे, "कैसे निकले ये शब्द तेरे मुँह से? वह भी मेरे सामने! शर्म और लिहाज़ तुझे नहीं रही। हाय राम, क्या इसी दिन के लिए तुझे कॉलेज भेजा था? हमारे परिवार में प्यार शादी के बाद ही शुरू होता है।"

आवेश में ग्रस्त उसके पिता ग़लत दिशा में चलने लगे थे।

"बाबा जिस ऑफ़िस में आपने पूजा करानी है वह इस तरफ़ है," वसुधा ने अपने पिता से कहा।

इस पर गिरीश ने कहा, ''आजकल मैं बहुत भूलने लगा हूँ। आजकल मेरा दिमाग़ एवं शरीर दोनों ठीक से काम नहीं करते।'' फिर कुछ पल सोचते हुए वह अत्यन्त कोमल स्वर में बोले, ''तू सिर्फ़ दो साल की थी जब तेरी माँ ने यह दुनिया छोड़ दी। तब से मैं ही तुझे पाल रहा हूँ।'' उसके पिता फिर कुछ क्षणों के लिए चुप हो गये थे। फिर उन्होंने कहा, ''अब तू बड़ी हो चली है। तुझे इस तरह सड़क पर लेकर घूमना मुझे ठीक नहीं लगता।'' उनका स्वर याचनापूर्ण हो गया ''बेटा, हरि एक अच्छा लड़का है। वह तुझे ख़ुश रखेगा। बस, अब मैं तेरे विवाह मण्डप को अपने हाथों से सजाना चाहता हूँ।''

वसुधा को याद आ गया वह दृश्य जब उसने पवित्र अग्नि के समक्ष हरि के संग सात फेरे लिये थे। उसके पिता गिरीष पण्डित का चेहरा ख़ुशी से दमकने लगा था। आकाश में उस समय पूर्णिमा के चाँद की छटा बड़ी मनमोहक लग रही थी। वसुधा तब पिता की प्रसन्नता से प्रसन्न थी। तब लग रहा था कि वह एक आदर्श बेटी बन कर अपने पिता के प्रति अपने दायित्व को निभा रही थी।

...उसे याद आ गये अपनी उस मधुयामिनी के दिन। हरि और वह एक हिल-स्टेशन चले गये थे।

दिन को जब वे दोनों घूमने को बाहर निकले तो हरि उसे एक टैटू वाले के पास ले गया था।

''वसुधा, आओ, तुम्हारी बाँह में, मैं अपना नाम अंकित करा दूँ,'' हरि ने बड़े उत्साह से कहा।

''नहीं मुझे यह नहीं चाहिए। बड़ा दर्द होगा,'' वसुधा ने कहा।

इस पर बड़े अश्लील ढंग से हँसते हुए हरि कहने लगा, ''अपने पति का नाम अपने जिस्म पर लिखवाने से डरोगी तो सात जन्मों का वचन कैसे निभाओगी, वसुधा?''

टैटू वाले ने उसकी बाँह में हरि का नाम अंकित करना चालू कर दिया।

''आह बड़ा दर्द हो रहा है।'' वसुधा ने अत्यन्त पीड़ा से कहा।

टैटूवाला और हरि दोनों हँसते रहे थे। वसुधा की आँखों से आँसू बहने लगे थे।

जब टैटू वाले ने अपना काम पूरा कर दिया, तो उसकी बाँह को पकड़ कर देखते हुए हरि ने कहा, "आज केवल तेरे शरीर पर ही नहीं बल्कि तेरी आत्मा पर भी मेरा नाम खुद गया है, वसुधा! अब तुम पूरी तरह मेरी हो चुकी हो। मरने के बाद भी तुम मेरी ही रहोगी। सिर्फ़ मेरी।"

हरि की वह विद्रूप हँसी गर्म लावे की तरह वसुधा के कानों में गूँजने लगी थी।

फिर वसुधा वर्तमान में लौट आयी थी। यादों का सिलसिला टूट चुका था। बड़ी वितृष्णा से वह अपने हाथ में अंकित उस टैटू को देखने लगी थी। फिर बाहर दरवाज़े में कुछ आहट सुन कर वह चौंक पड़ी थी। कोई दरवाज़े को खोलने का प्रयास कर रहा था। भयभीत हो उसने सोफ़े को सरकाकर उसे दरवाज़े के संग सटा दिया था।

"कब तक अपने आदमी का इन्तज़ार करोगी रानी!" अनिल ने लड़खड़ाती आवाज़ में कहा।

"हाय कितना ज़ालिम है इसका पति जो कि ऐसी हसीना को छोड़कर भाग गया।"

"अब शरमाओ मत रानी और खोल दो ये दरवाज़ा," अनिल ने कहा।

"आ, मान भी जा अब। हम तेरी सारी कमी दूर कर देंगे। तेरी तबीयत खुश कर देंगे, जानू।" सैमसन नशे में डूबी आवाज़ में बोला।

साँझ भी चुपचाप सब कुछ देख-सुन रहा था और अपनी छोटी-सी बुद्धि से सब समझने का प्रयास कर रहा था।

बाहर अनिल और सैमसन हँस रहे थे।

वसुधा को याद आ गयी अपनी सास सुरेखा की बात जब वह उन्हें वृद्धाश्रम में मिलने गयी थी।

"वसुधा, मेरी बेटी, बड़ी कठिन होती है एक औरत की ज़िन्दगी। इस इनसानों के जंगल में एक अकेली औरत को बचाये रखना बहुत मुश्किल होता है। इस मिट्टी के शरीर को ले हम पानी में कैसे सुरक्षित रह सकते हैं।" वह कुछ क्षणों के लिए ठहर कर कुछ सोचने लगी थी। वसुधा को तब सुरेखा के चेहरे पर एक गहरी समझ का आभास हुआ था। वह फिर कहने लगीं, "मेरी बिटिया, हम केवल इन गुण्डों को क्यों

दोष दें? मेरे बेटे ने तुम्हारे साथ क्या किया? तेरी कोख में अपना बीज डालकर भाग गया... और अपने को देख। पाँच साल से तू उस हरामी का इन्तज़ार कर रही है। मुझे मालूम है कि वह अब कभी नहीं लौटेगा! सच तो यह है कि सारी ख़राबी मेरी कोख में बीज डालने वाले की थी।''

''आप दुखी न हों, माँ! शान्त रहें। दुःख और पीड़ा से आपको नुक़सान होगा। आपका प्रेम अब मेरी सबसे बड़ी धरोहर है,'' वसुधा ने दिलासा देते हुए सुरेखा से कहा।

सुरेखा उसी रौ में कहती चली गयी, ''उसके बाप ने भी मेरी बाँह में अपना नाम गुदवा दिया था। अब बेटे ने भी वही किया, जो उसके बाप ने किया था। और जब हरि के पिता की मृत्यु हो गयी थी, तो वह चाहता था कि मैं अपना सर मुँड़वा लूँ। सच तो यह कि औरत अपने पति की मृत्यु के बाद भी उसकी ही रहती है। बेटी, न तो औरत का जिस्म उसका अपना है और न ही उसकी अपनी रूह अपनी होती है। वह केवल मर्द की गुलाम होती है।''

वसुधा ने बड़ी कोमलता से सुरेखा का हाथ पकड़कर कहा, ''माँ अब वह सब भूल जायें। जितना आप उसे याद करेंगी उतना ही आपका दुःख बढ़ेगा।''

पर अपने ख़यालों में डूबी सुरेखा कहती रही, ''देवी के मन्दिर का पुजारी था वह! घर में अपनी औरत को बेतहाशा पीटता था वह। पूरा राक्षस था! मैं केवल एक जानवर थी उसकी दृष्टि में। और, जब एक दिन उसने मुझे प्याज खाते पकड़ लिया तो उसने मुझे बहुत मारा था। हरामी! औरत होना एक सज़ा है। यह देख और समझ। एक पति अपनी पत्नी को छोड़कर चला गया और एक बेटा अपनी माँ को। उस माँ को जिसने दूसरे के फ़र्शों को साफ़ कर इसे पाला-पोसा। क्या कहूँ मैं अब। मेरी पान-सुपारी का ख़र्च भी तू ही देती है। अभी तेरा बदन गरम है। तेरी अपनी भी इच्छाएँ होंगी। पूरा हक़ है तुझे अपनी ज़िन्दगी का।'' उसकी साँसों की रफ़्तार उत्तेजना से बढ़ गयी। फिर वह ऊँचे स्वर में बोली, ''मेरी बात सुन! उतार के फेंक दे इस मंगल-सूत्र को कचरे के ढेर में। तू सुन्दर है, जवान है, तुझे अपने मन का मीत मिल जायेगा।''

इस पर वसुधा ने कहा, ''माँ, इस मंगल-सूत्र को तो मैं फेंक दूँगी, पर अपने रोम-रोम में बसे संस्कारों का तिरस्कार कैसे करूँ मैं? कैसे पार कर

सकती है... लाँघ सकती है एक औरत संस्कारों की लक्ष्मण रेखा को? है न मेरा बेटा मेरे पास। मेरा प्यारा साँझ। उसी के सहारे मैं अपने जीवन की नयी इमारत खड़ी कर लूँगी। यही नहीं, उसके बाप के बुरे साये को भी मैं उस पर नहीं पड़ने दूँगी। मैं परदेश चली जाऊँगी। चलते-चलते मैं थक चुकी हूँ। अब कहीं बैठ कर ज़िन्दगी बिताना चाहती हूँ।''

वसुधा को याद आ गया वह दृश्य।

उस भव्य सुइट में उस दिन फूलों की सज्जा साधारण-सी थी। वहाँ एक महत्त्वपूर्ण मीटिंग चल रही थी। आरव, अपूर्वा, भाटिया एवं होटल के कुछ और पदाधिकारी वहाँ व्यस्त थे।

आरव उनसे उस समय कह रहा था, ''इ़ज्ज़त! इस होटल व्यवसाय में इसका होना बहुत आवश्यक है। इ़ज्ज़त के लिए हम अपने पैसे भी गँवा सकते हैं। इसे कभी मत भूलना कि हर संस्था की नींव इसी पर टिकी रहती है।'' फिर वह अपने मैनेजर भाटिया की ओर देखते हुए बोला, ''तुम्हें यह बात अच्छी तरह समझ लेनी चाहिए कि मैं किसी भी ऐसे व्यक्ति के संग डील नहीं कर सकता, जो मेरी वर्षों में बनी इ़ज्ज़त और साख को मिटा दे।''

आरव के शब्दों ने वसुधा को हिलाकर रख दिया।

''मैं आपके विचारों की कद्र करता हूँ, सर! हमेशा उनको याद रख उनका पालन करूँगा,'' भाटिया ने बड़े आदर से कहा।

इस पर आरव ने कहा, ''भाटिया, मुझे तुम पर पूरा विश्वास है। तुम मेरे मापदण्ड पर एकदम खरे उतरते हो।'' फिर कुछ रुक कर वह सबकी ओर देखते हुए कहने लगा, ''आप सबकी निष्ठा पर मुझे गर्व है। आपके सहयोग के लिए धन्यवाद!'' वे सब आरव की ओर आदरपूर्वक देखने लगे। ''अब इन्हीं उसूलों को मैं दुनिया में अपने दूसरे होटलों के कर्मचारियों के संग भी शेयर करना चाहूँगा।''

वसुधा वह सब सुनने के बाद चुपचाप वहाँ से निकल जाना चाहती थी। परन्तु आरव ने उसको देख लिया।

''गुड मॉर्निंग, सर!'' वसुधा ने उसका अभिवादन करते हुए कहा।

आरव ने कहा, ''गुड मॉर्निंग, वसुधा। कैसी हो? आज तुम्हारे फूलों की सजावट में वह इन्द्रधनुष की छटा नहीं दिख रही है मुझे। क्या बात है? आज कुछ परेशान नज़र आ रही हो।''

“अब चलती हूँ, सर! मुझे अपने प्रश्न का उत्तर मिल गया है।” वसुधा ने आरव की ओर देखते हुए कहा।

“आरव समय बर्बाद मत करो। फ़्लाइट मिस हो जायेगी,” अपूर्वा ने कहा।

तब कुछ ऊँचे स्वर में आरव ने कहा, “ठहरो वसुधा! तुम मुझसे क्या कहना चाहती थीं?”

वसुधा का स्वर बहुत गम्भीर था, वह कहने लगी, “आप अभी-अभी कुछ समय पहले कह रहे थे कि इज़्ज़त इस होटल व्यवसाय में सबसे महत्त्वपूर्ण और मूल्यवान पहलू है। मुझे नहीं लगता है कि मैं इस होटल में काम करने योग्य हूँ।”

इस पर आरव ने कहा, “मैं जानना चाहता हूँ कि तुम्हारी वजह से मेरी इज़्ज़त कैसे कम होगी?”

वसुधा की आँखों में एक विशेष चमक थी जब उसने कहा, “सर पिछले पाँच सालों से मैं एक झूठी ज़िन्दगी जी रही हूँ। मेरी ज़िन्दगी में कोई शान्ति नहीं है। वास्तव में, मैं एक नारकीय जीवन जी रही हूँ। सच तो यह है कि मेरा पति मुझे छोड़कर कहीं चला गया है। मैं उसके इन्तज़ार में आँखें पसारे बैठी हूँ। लेकिन कल रात मुझे पुलिस से मालूम पड़ गया है कि वह एक बड़ा अपराधी है... देशद्रोही एवं आतंकी है। वह दूसरों की हत्या करने वाले गिरोह का सदस्य है। कल शायद मिलने वाली बदनामी मेरे और मेरे बच्चे के जीवन को बर्बाद कर दे! लेकिन मेरा विश्वास करें, अभी कल तक मैं इस सच से अनजान थी। सर, मुझे नौकरी से शायद निकल जाना पड़ेगा। पर मैं एक झूठी, अर्थहीन ज़िन्दगी नहीं जी सकती अब।”

आरव ख़ामोश उसे एकटक देखता रहा। अपूर्वा फ़्लाइट को लेकर परेशान दिख रही थी। वसुधा अपने भविष्य को लेकर चिन्तित दिख रही थी।

आरव ने तब अपूर्वा से कहा, “अपूर्वा, मैं वसुधा को भी, जल्द से जल्द दुबई वाले होटल में देखना चाहूँगा।”

आरव वहाँ से चला गया था। वसुधा का चेहरा प्रसन्नता से दमकने लगा था। “थैंक्यू, सर!” उसने अपने से ही कहा।

अपूर्वा ने आरव से कहा, “तुम भूल कर रहे हो, आरव।”

“वह कैसे, अपूर्वा?” उसने पूछा।

"तुम अपना विचार बदल दो। इस लड़की को रखना तुम्हारी सबसे बड़ी भूल होगी। आख़िर क्या ख़ास बात है, उस फूल वाली लड़की में?"

इस पर आरव ने कहा, "वह मुझे अपने ख़ास की याद दिलाती है।"

"किसकी?"

"मेरी अपनी माँ की! अब मैं इसे दुबई में देखना चाहता हूँ, अपूर्वा! अब और कुछ नहीं हो सकता।"

फिर एक दिन वसुधा दुबई पहुँच गयी। अनेक शंकाओं से घिरी हुई। दुबई एयरपोर्ट पर वह इधर-उधर देख रही थी। सुबह का समय था। होटल की कर्मचारी, मीरा, उसे लेने आयी थी। उसके हाथ में एक प्लेकार्ड में लिखा हुआ था 'वसुधा प्रसाद'।

"वसुधा!" उसे देखते ही मीरा बोल पड़ी। फिर हँसते हुए वह कहने लगी, "देखा मैंने तुम्हें पहचान लिया।"

"कैसे पहचान लिया तुमने मुझे?" वसुधा ने पूछा।

मीरा की ऊर्जा एवं जीवन्तता से बहुत प्रभावित हुई थी वसुधा।

इस पर हँसते हुए मीरा ने कहा, "मैं मीरा हूँ।" फिर कुछ क्षण के लिए वह चुप हो गयी थी और जब वसुधा उसकी ओर देखने लगी, तो वह बोली, "तुम्हें पहचानना कौन-सा कठिन काम है?"

"क्या कहना चाहती हो?"

"अब इतनी प्यारी मुस्कराहट सबके पास थोड़ी हो सकती है।" जब वसुधा कुछ शरमाकर उसकी ओर देखने लगी, तो उसने कहा, "मेरा पूरा नाम है, मीरा सरवर। मैं लाहौर की रहने वाली हूँ। यहाँ होटल ओएसिस में, मैं हाउस कीपिंग का कार्य करती हूँ।" फिर उसने एक अटेण्डेण्ट से कहा, "बैग उठाओ।"

"मैं इसे खुद उठाऊँगी," वसुधा ने कहा।

"शहज़ाद कार लेकर आओ", मीरा ने ड्राइवर से अपनी पंजाबी अंग्रेज़ी में कहा। फिर हँसते हुए उसने वसुधा से कहा, "मैंने केवल तीसरी क्लास तक पढ़ाई की है। पर यहाँ विदेश में अधिक पगार पाने के लिए अंग्रेज़ी बोलना ज़रूरी है। क्या तुम अंग्रेज़ी बोल लेती हो, वसुधा?"

"हाँ, काम चला लेती हूँ, मीरा।" फिर उसने पूछा, "यहाँ का सिम कार्ड कैसे मिलेगा? अपने बेटे से बात करनी है।"

"कोई परेशानी की बात नहीं है, वसुधा। सब इन्तज़ाम हो गया है," मीरा ने कहा।

"थैंक्यू मीरा!"

तभी उसने एक लम्बे-चौड़े आदमी को देखा। ख़ुशी से मीरा का चेहरा चमकने लगा था। वह दौड़कर उसके पास पहुँच गयी। उस व्यक्ति ने उसे अपनी बाँहों में भींच लिया। वसुधा ने अपनी नज़र उनसे हटा ली। इतने में शहज़ाद कार लेकर वहाँ पहुँच गया। फिर मीरा वापस आ गयी थी। मीरा अपनी लिपस्टिक को रीटच करने लगी।

"तुम्हारे हसबैण्ड क्या करते हैं, मीरा?" वसुधा ने पूछा।

इस पर मीरा ने कहा, "वह सरकारी कर्मचारी है। पगार घर का ख़र्च चलाने के लिए पूरी नहीं पड़ती है। इसीलिए यहाँ अकेली काम कर रही हूँ।"

"मुझे लगा वह तुम्हारा शौहर है।"

मीरा खिलखिलाकर हँस पड़ी। फिर वह कहने लगी, "नहीं वह तुम्हारे इण्डिया का है। गोआ से। बहुत अच्छी मच्छी बनाता है। रेडीसन होटल में नौकरी करता है। मेरा ब्वॉय फ्रैण्ड है। वह भी शादीशुदा है। मेरी तरह। उसकी वाइफ गोआ में नर्स है। हम दोनों अपने लाइफ़ पार्टनर्स को बहुत चाहते हैं। पर, यहाँ विदेश में, हम एक-दूसरे को चाहते हैं।

"शहज़ाद, होटल से पहले मिरेकल गार्डन ले चलो कार को," उसने कहा।

"वहाँ क्यों जा रहे हैं हम," वसुधा ने पूछा।

इस पर मीरा बोली, "वहाँ आरव साहब तुम्हारा इन्तज़ार कर रहे हैं। उनकी फ़्लाइट तुम्हारी फ़्लाइट से एक घण्टा पहले यहाँ पहुँच गयी थी। हर वक़्त वे अपना काम करते रहते हैं। पता नहीं कौन-सी आग सुलग रही है उनके भीतर?"

आरव अपनी गाड़ी में बैठा हुआ था। उसमें ओएसिस का टैग लगा हुआ था। वह शायद नींद में ऊँघ रहा था।

"साहब, वे आ गये हैं," उसके ड्राइवर ने कहा।

आरव तेज़ी से उठकर दरवाज़ा खोल कर बाहर आ गया।

मिरेकल गार्डन में अनेक प्रकार के फूल लगे हुए थे। उनकी ख़ुशबू चारों ओर फैल रही थी। मीरा वसुधा को लेकर वहाँ पहुँच गयी थी।

उसे देखते ही आरव कहने लगा, "बहुत ज़ालिम हूँ मैं। काम होने पर मैं अपने पर भी रहम नहीं करता हूँ। पर मैंने तुम्हें यहाँ एक ख़ास मकसद से बुलाया है, वसुधा। यहाँ मैं जापानी डिज़ाइनर्स की सलाह पर सब कुछ कर रहा हूँ। यहाँ यह प्रोजेक्ट अपने शुरुआती दौर पर है। फिर भी न जाने मुझे इन चालीस हज़ार फूलों और सारी ख़ूबसूरती के बावजूद, कुछ कमी का अहसास हो रहा है। क्या तुम बता सकती हो कि क्या कमी है यहाँ?"

कुछ देर सोचने के बाद, वसुधा ने कहा, "इस बगीचे में मुरझाये पत्ते नहीं हैं। यही कारण है कि यह बगीचा, बगीचा नहीं लग रहा है। हो सकता है कि काग़ज़ के फूलों की ख़ूबसूरती रंगीन, चमकदार और दिल को छू लेने वाली हो। हमारी कल्पना से ज़्यादा खुशनुमा हो लेकिन फिर भी हम असली फूलों की ही क़द्र करते हैं। क्या कारण है इसका? मेरी समझ में इसका केवल एक ही कारण है कि असली फूल खिलते हैं और मुरझा जाते हैं। और यही तो है प्रकृति का शाश्वत नियम। यही तो है उनका असली मूल्य! ओस की हर बूँद, जल से भरपूर मेघ, मिट्टी की सुगन्ध, सूरज की रौशनी, पेड़-पौधे, जीव-जन्तु हमें अपने जीने का अहसास दिलाते हैं। सच तो यह है सर कि काट-छाँट कर तैयार किये बागों में प्राकृतिक सौन्दर्य का पूरा अभाव रहता है। बिना किसी दाग़ के ख़ूबसूरती की कल्पना भी नहीं की जा सकती है। क्या हमारे कवियों का चाँद भी बेदाग़ है? फिर यह तो मात्र एक बगीचा है।"

वसुधा की निष्कपट सरलता ने आरव के दिल को छू लिया। "वाह! तुमने तो आज मुझे सौन्दर्य का एक नया आयाम दिखा दिया है... तुमको बहुत-बहुत धन्यवाद।" उसी समय हवा का एक तेज़ झोंका आता है। उसकी आँखों में कुछ पड़ जाता है। वह उसे निकालने का प्रयास करती है। पर वह सफल नहीं होती। तब आरव ने संकोचपूर्ण स्वर में कहा, "लाओ मैं इसे निकालने का प्रयास करता हूँ।"

वसुधा अपना चेहरा उठा देती है। आरव अपने रूमाल से कोमलतापूर्वक उसकी आँखों से वह पुष्प कण निकालने का प्रयास करता है। कुछ प्रयास के बाद आरव उसकी आँखों की उस बाधा को दूर कर देता है। आरव की वह शारीरिक समीपता उसे बुरी नहीं लगी थी उन क्षणों में। अपने भीतरी मनोभाव को छिपाने के लिए वसुधा हँस पड़ी थी। आरव भी उसके संग हँसने लगा था।

"इतनी उदास आँखें मैंने आज तक किसी की नहीं देखी हैं," आरव ने अचानक कह दिया था।

तब वसुधा को लगा था कि उसकी आन्तरिक चेतना की झलक आरव को मिल गयी थी। उसे यह भी लगा था कि शायद वह किसी एक नयी शुरुआत का भी संकेत था।

उस मुलाकात में कुछ न कुछ अवश्य छुपा था। जो कुछ भी वह था, उसने उसे भीतर तक छू लिया था। उसे लगा था कि शायद वह एक नया सम्बन्धं बनने की राह का प्रथम चरण था। वसुधा भूल भी नहीं पा रही थी उस कोमल, मादक छुअन को। वह एक सहृदय एवं सहनशील पुरुष का कोमलतम स्पर्श था। हरि के भदेस एवं अश्लील स्पर्श से पूरी तरह भिन्न।

आरव और वसुधा ने अपने बीच एक जुड़ने वाले तन्तु का भी बोध किया, आरव उसको बद्दुओं के इलाके में भी ले गया था जिससे कि वह क़बीलाई सजावट को भी समझ सके। उसे आरव अपने होटल की सजावट में शामिल करना चाहता था। वहाँ पर वसुधा ने रेगिस्तानी गुलाब को भी देखा। उस मरुस्थल के पुष्प के अथाह सौन्दर्य ने उसे अभिभूत कर दिया। आरव को भी वह उस पुष्प को देखने ले गयी। वह पुष्प जीवन का एक महान् आश्चर्य था। मरुस्थल के बीचोंबीच वह पुष्प वहाँ के भूरे विस्तार को एक जीवन्तता प्रदान कर रहा था। कुछ दूरी पर खड़ी हुई मीरा चाय पी रही थी। वसुधा के आरव पर पड़ने वाले प्रभाव को वह भी भलीभाँति समझ रही थी।

सूर्य अब पूरी तरह निकल चुका था। आरव ने अपनी कार को छोड़कर उनकी कार से आना पसन्द किया, अपने होटल में। रास्ते में वह वसुधा की बातों को बड़े ध्यान से सुनता भी रहा था।

होटल में अपूर्वा और होटल का जनरल मैनेजर बड़ी बेसब्री से आरव की प्रतीक्षा कर रहे थे। मीरा और वसुधा भी आरव के पीछे-पीछे आये।

"कहाँ थे तुम आरव? इतनी देर से मैं तुम्हारा इन्तज़ार यहाँ कर रही हूँ। यदि तुम्हें कुछ और देर लगती, तो मुझे तुम्हारे पीछे सारे स्टाफ को भेजना पड़ता," अपूर्वा ने कुछ रोषपूर्ण स्वर में कहा।

इस पर हँसते हुए आरव ने कहा, "अपूर्वा, मैं सौन्दर्य की तलाश में था, और अब मेरी तलाश भी ख़त्म हो गयी है।"

"क्या कहना चाहते हो तुम आरव?" अपूर्वा ने पूछा।

इस पर आरव ने गम्भीर स्वर में कहा, "अपूर्वा, हमारा गार्डन प्रोजेक्ट समाप्त हो गया है। हमारे जापानी गार्डन एक्सपर्ट अब वापस जा सकते हैं।"

"यह अचानक निर्णय क्यों?" अपूर्वा ने पूछा। "पर हमारा यह प्रोजेक्ट तो अभी चालू है। कितना धन हम इसमें व्यय कर चुके हैं।"

अब आरव ने कुछ ऊँचे स्वर में कहा, "मैंने यह प्रोजेक्ट समाप्त कर दिया है।" फिर उसने मैनेजर से कहा, "रणदीप, यह वसुधा है। मैं उस व्यर्थ के गार्डन प्रोजेक्ट को चलते रहने देता। पर आज वसुधा से बात करते हुए मैं उस जापानी गार्डन प्रोजेक्ट की अर्थहीनता को पूरी तरह समझ गया हूँ। मैं इनको हृदय से धन्यवाद देता हूँ। हमें अब बाहर से फूल नहीं मँगाने पड़ेंगे। न ही अब हमें अधिक पानी की आवश्यकता होगी। हम अब भाग्य के सहारे नहीं रहेंगे। हमारे रेगिस्तान के फूल स्वयं पनप जायेंगे। इससे हमारा व्यय भी घट जायेगा।" वह कुछ देर चुप रहा। उसका चेहरा ख़ुशी से भर गया था, जब उसने फिर से कहना शुरू किया, "अपूर्वा, हमें वसुधा का कृतज्ञ होना चाहिए, उसने हमारी भूल की तरफ़ हमारा ध्यान खींचा।" अपूर्वा और रणदीप के चेहरे फीके पड़ गये थे उस प्रशंसा को सुन कर। फिर आरव ने मीरा से कहा, "मीरा, इन्हें इनके ठहरने के स्थान पर ले जाओ और इनके हर आराम की व्यवस्था करो।"

मीरा, वसुधा को लेकर स्टाफ क्वार्टर में जब पहुँची तो वहाँ और भी कई लोग थे। मीरा ने वसुधा का परिचय कराते हुए कहा, "यह है वसुधा! हमारी नयी मित्र इण्डिया से।"

"आपका स्वागत है।" सबने समवेत स्वर में कहा।

वे सारी लड़कियाँ बर्मा, फिलीपीन्स, नेपाल, श्रीलंका और भारत आदि से थीं।

वसुधा ने अपनी मुस्कराहट से सिर हिला कर उनका अभिवादन स्वीकार किया। मीरा ने उसे अपना कक्ष दिखा दिया। वहाँ दो बेड लगे थे। एक कोने में कम्प्यूटर स्क्रीन थी।

"मैं यहाँ तुम्हारी रूम पार्टनर हूँ, वसुधा," मीरा ने मुस्कराकर कहा। "मेरे साथ सोने में सिर्फ़ तुम्हें एक तकलीफ़ होगी?"

"वह क्या मीरा?"

"मुझे अँधेरे से बड़ा डर लगता है।"

"तो?"

"मैं रात भर लाइट को ऑन रखती हूँ।"

"कोई फ़र्क़ नहीं पड़ता," वसुधा ने उसे आश्वस्त किया।

"अब तुम फ्रेश हो जाओ, वसुधा।" मीरा ने कहा।

"मम्मी!" वसुधा चौंक गयी थी साँझ की आवाज़ सुनकर।

वह मैडी के संग स्क्रीन पर दिख रहा था। वसुधा की आँखों में ख़ुशी के आँसू भर आये।

"साँझ, कैसे हो?" वसुधा ने प्यार से पूछा।

"मैंने कहा था न कि सारा बन्दोबस्त हो जायेगा," मीरा ने कहा।

वसुधा ने काफ़ी देर तक साँझ से बात की। वह भी अपनी माँ से बात कर काफ़ी ख़ुशी का अनुभव कर रहा था।

"मम्मी, मैडी आण्टी ने प्रिंसिपल से परमिशन ले ली थी। और देखो अब तुम मेरे पास हो यहाँ।"

"थैंक्यू, मैडी," वसुधा ने कहा।

"तुम मेरी मित्र हो, वसुधा। हमारे बीच किसी प्रकार की औपचारिकता नहीं होनी चाहिए।"

तभी साँझ ने अपने दाँत दिखाते हुए कहा, "मम्मी देख लो कितने चमक रहे हैं मेरे दाँत। मैं इन्हें दो बार ब्रश करता हूँ।"

"साँझ मुझे तुम पर पूरा विश्वास है।"

"तुम्हें दुबई कैसा लगा, मम्मी?"

"बहुत अच्छा। आज मैं एक गार्डन गयी थी। वहाँ ढेर सारे फूल थे। चालीस हज़ार के क़रीब।"

"वाऊ! चालीस हज़ार। यू मीन फौर्टी थाउज़ेण्ड।"

"यस! फौर्टी थाउज़ेण्ड! ठीक है जब तुम दुबई आओगे तो तुम ख़ुद देख लोगे।

काफ़ी देर तक दोनों में बात होती रही। बाद में वसुधा समझ गयी कि ये सब व्यवस्था आरव की तरफ़ से हुई थी। कितना ख़याल रखता है वह अपने स्टाफ का। वसुधा ने सोचा और मन ही मन उसका आभार माना।

वसुधा अपने ख़यालों में खो गयी थी। रह-रहकर उसे याद आ जाता था हरि का क्रूर स्वभाव। वह किस प्रकार उसे प्रताड़ित कर उसके शरीर

को लूटता-खसोटता था। किस तरह उसके भीतर की कोमल, प्यार करने वाली औरत तिल-तिल कर मरने लगी थी और फिर उसके भीतर बचा रह गया था एक विराट शून्य मात्र। उसके भीतर रह गये थे अनेक प्रकार की वर्जनाएँ एवं डर। रात के अन्धकार में वह केवल एक ठूँठ की तरह बिस्तर पर पड़ी रहती और हरि के अत्याचार को पूरी संवेदनहीनता से झेलती रहती थी। किसी प्रकार का प्रतिवाद करने की शक्ति उसमें अब नहीं रह गयी थी। वह एक जीवित लाश मात्र थी। पर यह भी था कि साँझ के जन्म से उसके जीवन में एक हरियाली आ गयी थी।

...पर आरव ने उसके जीवन में पहली मुलाकात से ही एक हलचल पैदा कर दी। उसने वसुधा के सम्पूर्ण जीवन को झकझोर दिया था। उसने पहली बार यह अनुभव किया कि एक पुरुष कितना बड़ा सहारा भी बन सकता है। अब वसुधा के भीतर मर चुकी कोमलता शायद फिर से जागने लगी थी। उसने अब सब कुछ समय के ऊपर छोड़ दिया था।

...इधर आरव के भीतर भी एक कोलाहल मचने लगा था। कुछ तो वसुधा के कारण; जिसने उसे (आरव को) भीतर तक सींच दिया था। विगत की स्मृतियाँ एक खूँखार पशु की तरह कभी-कभी उठ कर उसे अपने पंजों से लहूलुहान कर देतीं एकान्त में। उसकी माँ रोहिणी तब नाइट क्लब डांसर थी।

...याद आ गया आरव को वह भयानक दिन। बीस वर्ष पूर्व की वह धुन्ध भरी जाड़े की रात। उसने एक पतला, बड़ा और छेदों से भरा स्वेटर पहन रखा था। वह ठण्ड से ठिठुर रहा था। वह चुपचाप सिक्योरिटी गार्ड, तिवारी की नज़र बचाकर भीतर घुस गया था उस नाइट क्लब में। वहाँ मादक संगीत की ध्वनि गूँज रही थी चारों ओर। कामोत्तेजना से भरे दर्शक सीटियाँ बजा रहे थे। वहाँ उपस्थित जोड़े एक-दूसरे को बेतहाशा चूम रहे थे। वहाँ आर्केस्ट्रा के एक सदस्य, प्रोसेनजीत डे, बड़े कोमल भाव से उस नाचने वाली औरत को देख रहे थे वह जो उसकी माँ रोहिणी थी। उसकी माँ ने स्टेज पर उत्पन्न किये गये धुएँ के भीतर धीरे-धीरे अपने कपड़े उतारने शुरू कर दिये और एक क्षण ऐसा आया कि उसकी माँ पूरी तरह निर्वस्त्र हो गयी। सहसा रोहिणी की नज़र आरव पर आकर ठहर गयी। वह हतप्रभ रह गयी। तभी उस मोटे मैनेजर राजेश तौरानी की नज़र भी आरव पर पड़ जाती है। वह झपट कर उसके पास पहुँच जाता है और उसे घसीटते हुए उस ठण्डी रात में बाहर फिंकवा देता है।

सिक्योरिटी गार्ड तिवारी भी आरव को कुछ चांटे जड़ देता है। उस रात वह रोता रहा था।

उसकी माँ रोहिणी वापस आ गयी थी।

"तुम अन्दर क्यों आये थे, आरव?" उसने पूछा।

"मुझे अच्छा नहीं लगता माँ।" उसने कहा।

"हर नाइट क्लब जहाँ मैं नाचती हूँ तुम्हें बाहर फिंकवा देता है। यह मुझे अच्छा नहीं लगता। तुम जब मेरे सामने आ जाते हो तो मैं अपने को बहुत कमज़ोर महसूस करने लगती हूँ," रोहिणी ने उसके सिर को सहलाते हुए कहा था। कुछ पल की ख़ामोशी के बाद वह कटु स्वर में कहने लगी, "तुम्हारे बाप ने मेरे पास कुछ भी नहीं छोड़ा। तुम्हारे जन्म के तुरन्त बाद मुझे अस्पताल से जाना पड़ा था। तुम्हें पालने के लिए मैंने वह सब कुछ किया, जिसे करने से एक औरत का पूरा वजूद ख़त्म हो जाता है और वह केवल निष्प्राण मशीन बन के रह जाती है।" रोहिणी उत्तेजना से हाँफने लगी थी। आरव उसकी ओर देखता रहा था। वह फिर कहने लगी, "और आज तुमने क्या कर दिया? आज तक मैं अपनी उम्र छुपाती रही थी। अब सब को पता चल गया है कि तुम मेरे बेटे हो। मेरे पेशे में जवानी ही सबसे बड़ा धन है और केवल इसी की क़ीमत भी लगती है। मैं यह जॉब खोना नहीं चाहती, बेटे! अब कौन हमें खिलायेगा और हमारी देखभाल करेगा?"

"मैं हूँ ना! तुम क्यों चिन्ता करती हो रोहिणी," तभी प्रोसेनजीत ने भीतर घुसते हुए कहा, "मैं तुम दोनों की देखभाल करूँगा... कर सकता हूँ," उसने प्यार भरे शब्दों में कहा।

उस प्यार को महसूस कर आरव की आँखों में चमक आ गयी थी।

प्रोसेनजीत ने अपने कैसियो में बजाना शुरू कर दिया था। मन्त्र-मुग्ध आरव उसको सुन रहा था। उसके चेहरे पर एक चमक आ गयी थी। रोहिणी ने टेबल पर खाना लगा दिया था।

प्रोसेनजीत को बड़े प्यार से देखते हुए रोहिणी ने कहा, "बेथोवेन साहब, खाना खा लें और कैसियो बजाना बन्द करें। अगर बहुत देर हो गयी तो घर कैसे पहुँचेंगे आप?"

प्रोसेनजीत का मन कुछ उचाट-सा हो गया, ऐसा लगा जैसे कि वह जाना ही नहीं चाहता था वहाँ से।

सहसा आरव बोल पड़ा, "डे अंकल को क्यों रोज़-रात को घर वापस जाना पड़ता है? वो यहाँ क्यों नहीं रुक सकते?" रोहिणी और प्रोसेनजीत एक-दूसरे की ओर देखने लगते हैं। उन्हें समझ में नहीं आ रहा था कि आरव को क्या उत्तर दें। तभी आरव उनकी ओर देखते हुए बोल पड़ा, "मम्मी, आप अंकल से शादी क्यों नहीं कर लेतीं?" फिर कुछ मुस्कराकर उसने प्रोसेनजीत से पूछा, "अंकल, कहीं आप शादी के बाद मुझे घर से बाहर तो नहीं निकाल देंगे?"

प्रोसेनजीत की आँखों में आँसू भर आये। उसने आरव को अपनी बाँहों में भर लिया; और फिर प्यार से उसके सिर पर हाथ फेरते हुए बोला, "अब कभी यह मत कहना मुझसे आरव! तुम मेरे बेटे हो! क्या कोई बाप कभी अपने बेटे को घर से निकाल सकता है?"

आरव, प्रोसेनजीत और रोहिणी एक-दूसरे से लिपटकर रोने लगे थे।

सहसा मोबाइल की तेज़ आवाज़ से यादों का वह सिलसिला टूट गया। आरव अपने वर्तमान में लौट आया। वह रोहिणी का फ़ोन था।

"माँ क्या टेलीपैथी है हम दोनों के बीच। अभी तुम्हारी ही यादों में खोया हुआ था।" आरव ने प्रसन्न स्वर में कहा।

"शायद इसी कारण तुमसे बात करने का ख़याल मन में आया। कैसे हो तुम?"

"उस पोयम के बारे में सोच रहा था जो स्कूल में सीखी थी।"

"कौन-सी पोयम?"

"वही हमटी-डमटी हैड अ ग्रेट फॉल। ऑल द किंग्ज़ हौर्सेज़ एण्ड ऑल द किंग्ज़ मेन कुड नॉट पुट हमटी-डमटी टुगैदर।"

यह सुन कर रोहिणी ने गम्भीर स्वर में कहा, "आरव, इतनी रात को तुझे बचपन में सुनी यह पोयम कैसे याद आयी, बेटे? कोई परेशानी है तुझे?"

"नहीं ऐसी कोई बात नहीं है, माँ। तुम किसी प्रकार की चिन्ता न करो। पर माँ..." कह कर आरव रुक गया।

"पर क्या, बेटे?" रोहिणी ने उत्सुकता से पूछा।

"सच तो यह है माँ, कि आज नर्सरी में सुनी इस पोयम का भाव मुझे समझ में आ गया है। माँ, जीवन का सत्य बहुत कड़वा है।" उसने कहा।

तब रोहिणी कहने लगी, "आज तो तू बहुत दार्शनिक मूड में लग रहा है।"

अपने ख़यालों में डूबा हुआ आरव कहने लगा, "माँ, यदि ज़िन्दगी एक बार किसी को तोड़ दे, तो वह व्यक्ति चाहे कितना धन कमा ले, कितना ही अमीर हो जाये, चाहे कितना ही शक्तिशाली बन जाये, वह दुबारा जुड़ नहीं सकता। ठीक हमटी-डमटी की तरह!"

रोहिणी ने कुछ रुँधे कण्ठ से पूछा, "क्या तू अपनी बात कर रहा है? मेरे बेटे! तू भूल क्यों नहीं जाता अपने जीवन की वे काली रातें? मैं बेबस थी तब! पर अब नहीं!"

तब कुछ क्षणों के अन्तराल के बाद, आरव कहने लगा, "माँ मैं थक चुका हूँ इस भाग-दौड़ के जीवन से।"

इस पर रोहिणी ने कहा, "अब मेरे हमटी-डमटी को प्यार चाहिए! बेपनाह प्यार! बग़ैर प्यार के मनुष्य का जीवन खोखला होता है। एक भयानक मरुस्थल मात्र होता है वह। क्या प्यार के बिना ज़िन्दगी बोझ नहीं हो जाती। धन से शान्ति नहीं प्राप्त हो सकती। केवल प्रेम ही आत्मा की प्यास शान्त कर सकता है। प्रेम एक अनन्त शक्ति है। इसी में मानव जीवन का रहस्य छिपा है। अपने सारे प्रश्नों का उत्तर भी मनुष्य केवल इसी में पा सकता है।"

"और ऐसा प्रेम मुझे कहाँ मिलेगा, माँ?" आरव ने बच्चे की तरह पूछा।

उसी समय अपूर्वा ने कमरे में प्रवेश करते हुए कहा, "आरव, हमें दो घण्टे में यहाँ से निकलना है और तुम अपना पासपोर्ट लेना मत भूल जाना।"

"अच्छा माँ! इस समय मुझे कुछ और काम करना है। कल बात करता हूँ आपसे।"

वसुधा के आने मात्र से, होटल के सारे परिवेश में सबको बदलाव का आभास होने लगा था।

और उस दिन जब आरव होटल में आया, तो उसने शुद्ध भारतीय ढंग से जलते हुए दिया को वहाँ देखा तो वह आश्चर्य से भर गया। वह आगे बढ़ा तो कई जगह उसे दीयों की क़तार दिखाई पड़ी।

फिर सहसा वसुधा हाथ में एक रंगीन जलता दीया लेकर उसके सामने खड़ी हो गयी। "दीवाली मुबारक हो, सर!" उसने बहुत खुलेपन से कहा।

"धन्यवाद, वसुधा! तुम्हें भी दीवाली की ढेर सारी शुभकामनाएँ!" उसने उत्तर दिया।

तभी मीरा एवं स्टाफ की अन्य लड़कियाँ भी हाथ में दीये ले कर आ गयीं। सबने आरव से कहा, "दीवाली मुबारक हो, सर!"

आरव ने सबको धन्यवाद दिया और कहने लगा, "वसुधा तुमने कमाल कर दिया! अच्छा लग रहा है यह सब!"

इस पर वसुधा ने कहा, "सर, यह केवल मेरा नहीं बल्कि मीरा और अन्य सब लड़कियों के सहयोग से हुआ। उन्होंने शुरू से आख़िरी तक मेरी मदद की इस काम में।"

मन ही मन आरव ने वसुधा के इस भाव की प्रशंसा की। फिर उसने कहा, "फिर भी मुझे लगता है कि यह सब बहुत कुछ तुम्हारी सोच का परिणाम है। ख़ैर, मैं तुम सबको हृदय से धन्यवाद देता हूँ!"

सबने आरव के साथ ही साथ, अपूर्वा को भी दीवाली की शुभकामनाएँ दीं।

"मैम, आपके अथक प्रयास से जो कुछ यहाँ होता है, उससे हम सबको बड़ी प्रेरणा मिलती है", वसुधा ने अपूर्वा से कहा।

"मैं भी तुमसे बहुत प्रभावित हुई हूँ, वसुधा," अपूर्वा ने कहा।

फिर आरव ने अपूर्वा से कहा, "अपूर्वा, यह वसुधा के अन्दर की वह रौशनी है जो अँधेरे में भी उजाला पैदा कर सकती है।"

तभी वसुधा ने कहा, "सर मैं आपकी ऋणी हूँ। हो सकता है कि मैंने आपको कुछ ख़ुशी दी हो, पर, जो ख़ुशी आपने मुझको मेरे बेटे से बात करवा के दी है, उसकी कोई तुलना नहीं।"

"मैं तुम्हें किसी कर्ज़ के बोझ से दबाना नहीं चाहता, वसुधा। मैं बहुत ही स्वार्थी व्यक्ति हूँ और अपनी स्वयं की ख़ुशी के लिए यह सब करता हूँ।" आरव ने कहा।

उन क्षणों वसुधा को लगा था कि जैसे आरव अपने भीतर की वीरानी को उससे बाँटना चाहता था। अपूर्वा ने उससे चलने को कहा। उसे लगा कि कहीं बातों ही बातों में उनकी फ़्लाइट मिस न हो जाये। परन्तु आरव उन सबको अपने पास बुलवा कर उनके संग एक फ़ोटो खिंचवाता है। फिर वह वहाँ से चल दिया था। वसुधा की आँखों में कुछ

वियोग का भाव छलक आया था। वह ग़ौर से जाती हुई कार को हसरत से निहारती रही थी।

समय बीतने के साथ ही साथ, वसुधा वहाँ के वातावरण में ढल गयी थी। आरव के जाने के बाद मीरा और उसने उस जगह को फिर व्यवस्थित कर दिया था। तभी वसुधा की नज़र एक पैड पर पड़ी। उसमें उसका नाम लिखा था। चुपचाप मीरा की नज़र बचा कर उसने अपने नाम लिखे गये आरव के उस ख़त को उठा लिया था।

...जिस होटल से आरव को एक बार धक्का दे कर निकाला गया था उसे आरव ने ख़रीद लिया था। आरव जब कार से उतरा तो तिवारी वहाँ खड़ा था। उसने सलाम कर आरव का अभिवादन किया था। आरव ने उसे घूर कर देखा।

"ज़रा कैश देना, अपूर्वा," उसने कहा।

"कितना दूँ?"

"दस हज़ार।"

आरव ने दस हज़ार रुपये तिवारी के हाथ में धर दिये। तिवारी सकपका गया था।

"धन्यवाद, सर!" तिवारी ने लड़खड़ाते स्वर में कहा।

"इसे धर ले तिवारी। तुझे पता नहीं कि इस जगह का और तेरा ख़ुद का मेरी सफलता में कितना कन्ट्रीब्यूशन है।" आरव ने गूँजते स्वर में कहा।

फिर वह अपूर्वा के संग भीतर चला गया था, राजेश तौरानी के ऑफ़िस में।

राजेश तौरानी ने आरव से कहा, "सर मुझे समझ में नहीं आ रहा है कि आप मेरे इस थ्री स्टार होटल को क्यों ख़रीदना चाहते हैं? आपके तो ख़ुद के इतने सारे फाइव-स्टार होटल हैं!"

"तुम अपना दिमाग़ व्यर्थ के पहलुओं में मत लगाओ तौरानी! सिर्फ़ अपना प्राइस बताओ!"

इस पर बड़े भद्‌दे ढंग से मुस्कराते हुए तौरानी ने कहा, "सर, मैं शायद इस होटल को इस समय नहीं बेच सकता।"

"क्यों नहीं बेच सकते?"

"मेरे ऊपर कई मुक़दमे चल रहे हैं, और फिर यह होटल पहली बार मेरे पिता ने ख़रीदा था। इसके संग मेरी कई यादें भी जुड़ी हैं। सर, आई एम ए वैरी इमोशनल मैन!" तौरानी ने कहा।

इस पर ज़ोर से हँसते हुए आरव ने कहा, "तौरानी, मैं तुम्हारी रग-रग से वाक़िफ़ हूँ। सच तो यह है कि इमोशन का एक कण भी नहीं दिखता है तुम्हारे इस मोटे भद्दे शरीर में!"

इस पर तौरानी ने बहुत कड़वे स्वर में कहा, "यह बिज़नेस मीटिंग है या इनसल्ट करने का सैशन्स। तुम मेरे ही आदमियों के सामने मेरा अपमान कर रहे हो। यह सब क्या है? क्यों उतार रहे हो मेरे कपड़े तुम? मैं दिल का मरीज़ हूँ और कुछ नहीं तो कम से कम मेरी उम्र का ख़याल तो करो।"

अपूर्वा मन ही मन ख़ुश होती है। फिर भी वह बनावटी स्वर में कहती है, "आरव मुद्दे की बात करो! तुम्हारा यह तरीक़ा मुझे पसन्द नहीं है।"

आरव अपनी चेयर से उठ कर तौरानी के सामने खड़ा हो गया। तौरानी अपनी चेयर पर दुबक-सा गया। आरव ने अत्यन्त नाटकीय ढंग से कहा, "तौरानी ठीक है। मैं तुम्हें सत्रह करोड़ देता हूँ। इससे एक पैसा भी ज़्यादा नहीं। इसके बावजूद यदि तुम इसे बेचने से इनकार करते हो तो मैं अपनी सारी शक्ति लगा कर तुम्हें नेस्तनाबूद कर दूँगा। मेरा विश्वास करो! तब तुम्हारे शरीर पर एक चिथड़ा भी नहीं बचेगा और तुम शहर में नंगे-घूमते दिखोगे और तुम्हें इन्हीं सड़कों पर दिल का दौरा पड़ेगा।" फिर उसने अपूर्वा की ओर देखते हुए कहा, "चलो अपूर्वा, चलें।"

वसुधा एक दिन अपने बेड पर बैठी हुई अपने ख़यालों में खोयी हुई थी। उसने आरव का लिखा वह खत अपनी एक किताब के बीच में छुपा रखा था। मीरा ने उस समय अपने पूरे शरीर को वैक्स कर रखा था और वह एक पार्टी ड्रेस निकाल कर नहाने चली गयी थी। तभी फ़ोन की घण्टी बजती है।

"हैलो!" वसुधा ने कहा।

यद्यपि फ़ोन में कान्टेक्ट का नाम नहीं था पर वसुधा को पहचानने में ज़रा भी समय नहीं लगा।

"कोई कान्टेक्ट हुआ उसके साथ?"

वसुधा घबरा गयी थी।

"क्यों परेशान कर रहे हैं आप मुझे इस तरह, पाटिल साहब?" वसुधा ने पूछा।

"मुझे तो अपनी ड्यूटी पूरी करनी पड़ेगी, वसुधा," उसने कहा।

इस पर वसुधा ने कहा, "नहीं! कोई कान्टेक्ट नहीं हुआ है अभी तक।" फिर कुछ रुक कर उसने पूछा, "यह नम्बर कहाँ से मिला आपको? यह तो मैंने किसी को दिया भी नहीं है।"

तब ज़ोर से हँसते हुए पाटिल ने कहा, "अरे, तुम बहुत भोली हो। पुलिस और क्रिमिनल के लिए किसी का नम्बर ढूँढ़ना कौन-सा कठिन काम है?"

फ़ोन की घण्टी कट गयी थी। कुछ देर बाद वह फिर बज उठी थी। वसुधा ने उसे उठा कर तेज़ स्वर में कहना शुरू कर दिया था, "पाटिल जी, मैंने कहा न आपसे कि मैं पुलिस का साथ दूँगी। फिर आप मुझे क्यों परदेस में इस तरह परेशान कर रहे हैं?"

"हैलो! मैं जॉर्ज बोल रहा हूँ। क्या मीरा से बात हो सकती है?" दूसरे सिरे से किसी ने कहा।

"जॉर्ज? कौन जॉर्ज?"

तभी मीरा आकर वसुधा से फ़ोन ले लेती है।

"ठीक है जॉर्ज मैं तुमसे मिलती हूँ। अब किसी अच्छे होटल में रूम बुक किया है अपनी मुमताज़ के लिए या किसी ऐसे वैसे होटल में! तुम बहुत कंजूस हो। मज़ा तो पूरा पाना चाहते हो, पर पैसा नहीं खर्चना चाहते," मीरा एक साँस में फ़ोन पर बोल गयी। "और ख़र्चेगा कहाँ से? जितना कमाता है, सब भेज देता है अपनी जोरू को।"

सारे समय वह वसुधा को ग़ौर से देख रही थी।

"बात हो गयी!" जब मीरा फ़ोन रखने लगी तो वसुधा ने पूछा।

"हाँ, हो गयी। पर तुम मुझे कुछ परेशान लग रही हो। क्या तुम मुझसे कुछ छुपा रही हो? और वह अभी-अभी तुमने वेस्ट पेपर बास्केट में क्या फेंका है?"

इस पर बात पलटने के लिए वसुधा ने कहा, "देखो मीरा, मेरी परवरिश कुछ अलग तरह की है। मुझे दो शादीशुदा लोगों के बीच यह सब समझ में नहीं आता। इसलिए प्लीज़ मुझे इससे बाहर ही रखो।

और भी अच्छा होगा कि तुम इस गन्दे काम के लिए मेरे फ़ोन का इस्तेमाल नहीं करो।"

मीरा को गहरा झटका लगा। कुछ देर की ख़ामोशी के बाद उसने मुस्कराकर कहा, "ठीक है मुझे माफ़ कर दो। अब ऐसी ग़लती मैं नहीं करूँगी।"

मीरा जब बाहर चली गयी तो वसुधा ने झट से वह पेपर बाहर निकाल लिया।

जब अपूर्वा और आरव फ़्लाइट पकड़ने के लिए लाउंज में बैठे थे तो अचानक अपूर्वा ज़ोर से हँसने लगी थी।

"तुम इस तरह क्यों हँस रही हो अपूर्वा?" आरव ने जिज्ञासा से पूछा।

इस पर उसने कहा कि, "मुझे तौरानी का वह रियेक्शन याद आ रहा है, आरव!"

इस पर आरव ने अपूर्वा की ओर देखते हुए कहा, "मैं कोई चीज़ भूलता नहीं हूँ। बदला लेने में एक्सपर्ट हूँ। जिस किसी ने मुझे दुःख पहुँचाया है, वह कभी भी मुझसे बच नहीं सकता।"

"तुम्हें लेकर मुझे कभी-कभी बहुत चिन्ता होती है, आरव!"

"क्यों?"

"व्यापार में भावनाओं का कोई स्थान नहीं है," अपूर्वा ने कहा।

आरव कुछ कहने जा रहा था कि इसके पूर्व ग्राउण्ड होस्टेस ने कहा, "अब आप दोनों भी भीतर चलें। हम फ़्लाइट को लेट नहीं कर सकते।"

"देखो कैसी ख़ुशबू आ रही है, अपूर्वा।" आरव ने कहा और दूसरी ओर को मुड़ गया।

"आरव," अपूर्वा ने कहा, "हमारी लन्दन में मीटिंग है। अभी प्लेन के दरवाज़े बन्द कर दिये जायेंगे।"

"हम वहाँ नहीं जा रहे हैं," आरव ने कहा।

"यह कैसे हो सकता है, आरव।"

"हो सकता है! फ़्लाइट को छोड़ दो।"

"पर हमारे लन्दन के बिज़नेस पार्टनर को यह ठीक नहीं लगेगा।"

"तो ठीक है, तुम चली जाओ।" फिर वह उस दुकान में पहुँच गया जहाँ पर प्रथम प्यार के फूल 'लाईलेक्स' रखे हुए थे। "देखो, कितनी प्यारी ख़ुशबू है।"

“ठीक है अगर हम लन्दन नहीं जाते तो कहाँ जा रहे हैं अब?” अपूर्वा ने पूछा।

“दुबई!”

“क्यों?”

“अब मुझे अपने दिल का जवाब इन फूलों ने दिया है। अपूर्वा, जाओ दुबई की सीटें बुक करवाओ।”

“पर वहाँ तो हमें तीन महीनों के बाद जाना है।” अपूर्वा ने हैरानी से कहा।

“नहीं, अभी जाना है।” आरव ने संक्षिप्त-सा उत्तर दिया।

वे रात के समय होटल ओएसिस पहुँच गये थे। वहाँ पार्टी चल रही थी। मेहमानों के संग होटल का स्टाफ भी भाग ले रहा था। वसुधा अपने कैमरे से फ़ोटो खींच रही थी। मीरा कुछ उखड़ी-उखड़ी-सी लग रही थी। मीरा हट जाना चाहती थी वहाँ से।

उसका रास्ता रोक कर, वसुधा बोली, “बहुत अच्छा डांस करती हो तुम मीरा।”

“चलो अच्छा है। कम से कम तुम्हें मेरा डांस तो पसन्द आया।”

“अभी तक नाराज़ हो मुझसे? मैं वह सब नहीं कहना चाहती थी।”

मीरा ने कहा, “मुझे मालूम है वसुधा! मेरी जैसी औरतों को तुम नीची नज़र से देखती हो।”

“बिल्कुल नहीं देखती। हर कोई स्वतन्त्र है अपनी ज़िन्दगी जीने के लिए,” वसुधा ने कहा।

तब मीरा ने कहा, “यह ज़िन्दगी बहुत छोटी है। मुझे कोई शर्म नहीं है अपने इस प्रकार के जीने के तरीक़े से। हम सबको मरना है एक दिन वसुधा। मैं ‘कुछ नहीं किया ज़िन्दगी में’ के अफ़सोस के संग नहीं मरना चाहती।”

“ठीक है, मैं तुम्हें सारी सच्चाई बताकर तुम्हारी नाराज़गी को दूर करूँगी, मीरा। प्लीज़ मेरी दोस्ती को मत ठुकराओ।”

मीरा ने तब उसका हाथ पकड़ लिया था।

तब वसुधा ने बंगलादेशी लड़की का हाथ पकड़ कर अपनी जगह से उठा दिया था और सबकी ओर देखते हुए बोली, "अब रुना हमें एक बंगलादेशी गाना सुनायेगी।"

वहाँ का शोर-शराबा सुनकर अपूर्वा नाराज़ हो गयी थी। आरव को देखते ही रणदीप के होश उड़ गये।

"सर, मुझे वसुधा का आइडिया अच्छा लगा था, इसलिए मैंने हाँ कह दी। आज हाउस कीपिंग का स्टाफ नीचे है और पोस्ट दीवाली सेलीब्रेशन मना रहा है," रणदीप ने सूचित किया।

"कोई बात नहीं, रणदीप। चलो मैं ख़ुद नीचे चल कर देखता हूँ," आरव ने कहा। फिर उसने पूछा, "पार्टी कहाँ चल रही है?"

"स्टाफ कैफेटेरिया में, सर।"

"क्या तुम भी वहाँ जाने की सोच रहे हो अब?" अपूर्वा ने कुछ आक्रोश से पूछा।

"हाँ, मैं भी वहाँ जा रहा हूँ। मेरे भी सीने में एक दिल है। मैं भी इसी धरती पर पैदा हुआ हूँ, अपूर्वा," आरव ने गूँजती आवाज़ में कहा।

आरव को देखते ही वसुधा ख़ुशी से चिल्ला उठी थी। आरव को देखते ही सब को साँप-सा सूँघ गया था। वे अपनी जगह पर खड़े हो गये थे।

"आप सब बैठ जायें," आरव ने कहा।

सब बैठ गये थे, चुपचाप। एक सन्नाटा-सा छा गया था वहाँ। तभी आरव ने मुस्कराकर पूछा, "अब आप लोगों को बुरा न लगे, तो क्या मैं भी बैठ सकता हूँ।"

सब समझ गये थे कि वह भी उस पार्टी में शामिल होना चाहता था।

इस पर वसुधा मुस्कराकर बोली, "नहीं सर, आप हमारे गेम में शमिल नहीं हो सकते हैं।"

"क्यों नहीं हो सकता? मैं तुम्हारा बॉस हूँ...मालिक हूँ।"

"पर एक गेम में सब बराबर होते हैं," वसुधा ने कहा।

"तो फिर मुझे क्या करना चाहिए?" आरव ने बहुत विनम्रता से पूछा।

"आपको हमारे गेम के नियम मानने पड़ेंगे।"

"ठीक है," आरव ने कहा। "मैं उन्हें मानूँगा। ठीक सबकी तरह।"

तब वसुधा ने कहा, "मीरा बॉस को बताओ हमारे गेम के नियम क्या हैं?"

मीरा समझ जाती है कि वसुधा उसको मनाना चाहती है। वह कहती है, ''सर, हमारे नियम बड़े सरल हैं। इस बोतल को हम बीच में रख कर ज़ोर से घुमायेंगे। ठीक रूलेट की तरह। बोतल का मुँह जिसके सामने रुकेगा, उसे एक गाना सबके लिए गाना पड़ेगा। पूरे दिल के साथ।''

''सर क्या आपको यह नियम मंजूर है?'' कई लोगों ने समवेत स्वर में पूछा।

''ठीक है। मैं सारे नियमों का पालन करूँगा। आप सबकी तरह।''

मीरा तब ज़ोर से बोतल को घुमाती है। बोतल का मुँह कुछ समय बाद आरव के सामने आकर रुक जाता है। सब ज़ोर से ताली बजाते हैं। वसुधा को बहुत अच्छा लगता है।

वह मन-ही-मन प्रार्थना कर रही थी कि बोतल का मुँह आरव के पास आकर रुके।

''सर, अब नियम के अनुसार आपको एक गीत सबको सुनाना पड़ेगा,'' वसुधा ने कहा।

''ठीक है, कोई भी नियम के बाहर नहीं जा सकता है।'' फिर वह बोला, ''वसुधा आज मेरा गला कुछ ख़राब है। क्या तुम मेरे बदले गाकर शर्त पूरी कर सकती हो?''

सब हँसने लगे। वसुधा, आरव का मज़ाक़ समझ गयी थी। उसने कहा, ''सर सच बात तो यह है कि आज मेरा गला भी ख़राब है और काम नहीं कर रहा है। फिर आप तो यहाँ के बॉस हैं, यदि आप नहीं गाना चाहते हैं तो आप न गायें। आपको कौन विवश कर सकता है इसके लिए।''

सब उत्सुकता से आरव की ओर देखने लगते हैं।

आरव कुछ नहीं कहता है। वह चुपचाप उठता है और कैसियो प्लेयर के पास पहुँच जाता है। फिर वह एक पुराना गीत गाने लगता है। उसमें उसके बचपन की स्मृतियाँ शामिल थीं।

न जाने मीरा को क्यों लगने लगा था कि आरव और वसुधा के बीच चुपचाप कुछ उपजने लगा था। मालिक और नौकर के बीच का यह संयोग उसे बहुत नाटकीय एवं रोमांटिक लगा। स्वयं वसुधा आरव के गीत की गम्भीर उदासी में खो सी गयी थी। उसे तब लगा था कि आरव से उसका बहुत पुराना नाता था। उसे लगा कि उन दोनों को जोड़ने वाली

कड़ी शायद उनके भीतर विद्यमान दर्द में थी। उसे लगा शायद आरव की बाँहों के घेरे में वह अपने नारीत्व को प्राप्त कर सकती थी। जब सहसा उसकी नज़र आरव की ओर गयी, तो उसने देखा कि वह एकटक उसकी ओर देखते हुए उस गीत को गा रहा था। तब वसुधा को लगा कि वह सदा से आरव की प्रेमिका थी और आरव की हो कर रह गयी थी।

जब गीत ख़त्म हो जाता है तो सारा स्टाफ ताली बजाने लगता है।

''सर, आप बहुत अच्छे गायक हैं।'' मीरा ने कहा और वसुधा की ओर देखने लगी थी। ''वसुधा, तुम्हें सर का गाना कैसा लगा?'' उसने मुस्कराकर पूछ लिया।

वसुधा ने बहुत मन्द स्वर में कहा, ''सर सबको आपका गाना बहुत पसन्द आया।''

''और तुम्हें, वसुधा?'' आरव ने उसकी ओर देखते हुए पूछा।

''मुझे भी बहुत अच्छा लगा, सर।'' फिर कुछ रुक कर वह बोली, ''मुझे कुछ ज़रूरी काम याद आ गया। मैं चलती हूँ,'' कहकर वह वहाँ से निकल गयी। वह आरव का सामना नहीं करना चाहती थी।

आरव भी वहाँ से चला गया। चलने से पहले उसने स्टाफ से कहा, ''आप सब लोग पार्टी को सुबह तक चलने दें।'' वह, फिर कुछ पलों के लिए रुक गया! ''हाँ, एक बात और कहना चाहूँगा।'' सब उसकी ओर देखने लगे। ''पार्टी का सारा ख़र्च यह होटल उठायेगा,'' उसने कहा।

सब ख़ुशी से ताली पीटने लगे।

मीरा समझ गयी थी कि वह वसुधा के पीछे जाना चाहता है। वह अब समझ गयी थी कि वसुधा और आरव के बीच प्रेम का अंकुर फूट चुका था।

वसुधा होटल के लम्बे कॉरीडोर में अकेले चल रही थी तथा अपनी और आरव की बढ़ती नज़दीकियों के बारे में ही सोच रही थी।

''वसुधा! ठहरो!'' आरव ने गहरी आवाज़ में कहा। वह ठिठककर रुक जाती है। आरव चलकर उसके पास पहुँच जाता है। उसकी पीठ आरव की तरफ़ रहती है। ''कहाँ जा रही हो? किस बात की जल्दी है तुम्हें?''

वसुधा अब घूम कर उसकी ओर देखने लगी। फिर उसने कहा, ''सर मैं काफ़ी थक चुकी हूँ। इसीलिए पार्टी छोड़कर अपने रूम में जा रही हूँ।''

इस पर आरव ने कहा, ''वसुधा, हम सच से भाग तो सकते हैं मगर इसके सामने चुप नहीं रह सकते। इसे छुपा भी नहीं सकते।''

अपनी बड़ी-बड़ी आँखों से आरव को देखते हुए उसने कहा, '''मैं आपका मतलब नहीं समझी, सर?''

इस पर आरव ने कहा, ''चलो कहीं और चल कर बात करें।''

''ठीक है सर। आप जहाँ कहें।''

आरव और वसुधा बाहर निकल गये थे। उस मरुस्थल के रात की वह तन्हाई बहुत ख़ूबसूरत लग रही थी।

आरव सहसा कहने लगा, ''कहते हैं कि किसी को समझना हो तो उसकी पीड़ा को समझ लेना चाहिए।'' वह चुप रहा। वसुधा चुपचाप उसकी ओर देखने लगी। आरव तब कहने लगा, ''वसुधा, आज मैं तुम्हें अपनी ज़िन्दगी की ऐसी कहानी सुनाना चाहता हूँ जो मैंने आज तक किसी अन्य को नहीं सुनाई है। क्या तुम उसे सुनना चाहोगी?''

वसुधा ने तब एकदम से कहा, ''ज़रूर सुनना चाहूँगी, सर। मुझे गर्व है कि आपने मुझे इस लायक समझा।''

अपने ही ख़यालों में डूबा हुआ आरव कहने लगा, ''तुम्हें मालूम नहीं है कि तुम्हारी और मेरी माँ की ज़िन्दगी की कहानी एक-सी है। मेरी माँ को भी उसका पति तब छोड़कर चला गया था जब वह माँ बनने वाली थी। तुम्हारी तरह ही, मेरी माँ को भी अपनी देखभाल ख़ुद करनी पड़ी थी। पर मेरी माँ को एक व्यक्ति का प्रेम प्राप्त हो गया। उसकी बदौलत हम सारी हिंसा और गुरबतों से बच गये। हमें कलकत्ता की सड़कों पर एड़ियाँ घिस-घिस कर नहीं जीना पड़ा। माँ के प्रेमी, प्रोसेनजीत एक कलाकार थे। उनका हृदय बहुत विशाल था। पर शराब उनकी बड़ी कमज़ोरी थी। उनकी नौकरी भी छूट गयी थी। वह एमरेल्ड होटल के सामने कैसियो बजाते थे और मैं फेंके गये सिक्कों को सड़क से चुनता था।''

''मुझे अब समझ में आ गया है कि आपने अपने जीवन में काफ़ी दुःख झेले हैं,'' वसुधा ने बहुत कोमल स्वर में कहा।

आरव अपने विचारों में खोया रहा। वह कहता रहा, ''हर रात माँ को काम करने जाना पड़ता था। घर चलाने के लिए वह अमीरों के सामने अपने कपड़े उतारती थी। पर उसका मन विराट था। उस गरीबी में भी हम अपने लिए ख़ुशी के क्षण ढूँढ़ लेते थे। वह हमारे लिए खाना चुराकर लाती थी। उस चोरी के खाने और दारू से हम बहुत ख़ुश हो जाते थे। दुनिया के लिए वह गलत थी, पर हमारे लिए प्यार था वह।

यही तो होता है न प्यार में? जब हम किसी से प्यार करते हैं तो हम उसके लिए सब कुछ करने के लिए तैयार रहते हैं।''

आरव के सामने वह दृश्य एक चलचित्र की भाँति घूम गया। अंकल प्रोसेनजीत अपनी बोतल से दारू पीते चलते रहते थे सड़क पर और वह सैण्डविच को स्वाद लेकर चबाता रहता था और माँ उन दोनों को निहारती रहती थीं प्रेमभरी दृष्टि से।

...और आरव को सहसा याद आ गया उस दिन का भयानक दृश्य।

क्रिसमस की रात थी। ठण्ड से ठिठुरते हुए माँ निकली थीं, होटल एमरेल्ड के पीछे वाले दरवाज़े से।

''छोड़ मेरा बैग,'' माँ ने तिवारी से कहा था।

''पहले बता इस बैग में क्या है?'' उसने पूछा।

उनमें बहस चल रही थी कि शराब के नशे में धुत्त तौरानी भी वहाँ पहुँच गया था। वहाँ एक छोटी-सी भीड़ भी लग गयी थी। प्रोसेनजीत और आरव सड़क के पार से यह दृश्य देख रहे थे। उन्हें समझ में नहीं आ रहा था कि क्या करें।

''यह सब क्या हो रहा है,'' तिवारी? तौरानी ने पूछा।

''सर मैं बोलता था ना कि यह बार में व्हिस्की चुराती है।''

''रोहिणी, बैग मुझे दे। मैं देखूँ इसमें क्या है?''

''क्यों दूँ? मैं चोर नहीं हूँ।''

''हट, कुतिया रण्डी कहीं की। नखरा दिखा रही है। दे यह बैग मुझे,'' गाली देते हुए तौरानी ने बैग अपनी ओर खींचा।

माँ के हाथ से बैग छूट गया था और उसमें से व्हिस्की की दो हाफ बोतलें फिसल कर बाहर सड़क पर गिर कर टूट गयी थीं।

''ये देखिए साहब! मैं कहता था ना आपसे इसके बारे में।''

''साली चोर कहीं की! ये क्या है, बता अब? दूँ तुझे पुलिस में,'' तौरानी क्रूरता से बोला।

एक सन्नाटा छा गया था वहाँ। हम सड़क पार कर माँ के पास पहुँचने ही वाले थे कि तौरानी ने मेरी माँ के गाल पर एक ज़ोरदार थप्पड़ जड़ दिया था। प्रोसेनजीत को तिवारी ने पकड़ लिया था और आरव के

मुँह पर उसने एक-एक कर तीन-चार थप्पड़ मारे थे। उसने आरव को ज़मीन पर पटक दिया। प्रोसेनजीत ने तौरानी के पैर पकड़ लिए थे और रोहिणी को छोड़ देने के लिए कहा था, परन्तु घमण्ड से चूर हो तौरानी ने उसे भी एक ज़ोर की लात मारी थी।

"वह चोर नहीं है। उसने मेरे लिए यह सब किया है," प्रोसेनजीत ने रोते हुए स्वर में कहा।

आरव अपने वर्तमान में वापस आ गया था। उसकी आँखों में उस समय वसुधा को एक बहुत भारी खालीपन दिखा था।

वह बहुत दुःख भरे स्वर में बड़बड़ाते हुए बोला, "वसुधा, वह मेरी ज़िन्दगी की सबसे ख़ौफनाक रात थी। उसका दर्द आज भी मेरे सीने में दफ़न है। हाँ, यह सच है कि वह उन सबके सामने नंगी हो नाचती थी। पर उसका उस रात का नंगापन सबकी क्रूरता की पराकाष्ठा थी। उस रात उन सबने एक औरत को उसकी रूह तक छील कर नंगा कर दिया था। अगर तुम मेरे भीतर झाँक कर देख सको तो तुम्हें लाशों के अनगिनत अम्बार दिखायी देंगे। वहाँ तुम्हें दिखेंगी जलती हुई चिताएँ।" फिर कुछ रुकने के बाद, आरव ने कहा, "प्रोसेनजीत भी दुख से भर गया था। सड़क पर चलते-चलते उसे न जाने क्या हुआ वह एक बड़ी-सी गाड़ी के सामने कूद गया था।"

वसुधा उसकी, आरव की, कहानी सुनकर रोने लगी थी।

आरव फिर कहने लगा, "वह भयानक रात मेरे जीवन में एक नयी चेतना ले आयी थी। मैंने मन ही मन उस समय सोच लिया था कि मैं कामयाबी के बड़े से बड़े शिखर को छूऊँगा। अपनी माँ के सूनेपन को दूर करूँगा। भाग्य ने मेरा साथ दिया और मैं ज़िन्दगी की उस ऊँचाई पर पहुँच गया जहाँ से मैं तौरानी जैसे जानवर को नीचे फेंक सकता हूँ। केंचुए की तरह मसल सकता हूँ और उस दिन जब तुम अपने बेटे से बात कर रही थीं, तो मुझे तुम्हारे मुरझाये चेहरे में जो खुशी दिखी उसे मैं हमेशा के लिए तुम्हारी बनाना चाहता हूँ। आज मैं समझ गया हूँ कि तुम मेरे भीतर दबे हुए दर्द को दूर कर सकती हो। पहली बार मैं इतना खुला आसमान देख रहा हूँ। तुम्हारे भीतर की विशालता ने मेरे झूठे घमण्ड को नष्ट कर दिया। तुमने मुझे जीवन का नया पहलू दिखाया है। तुम्हें मैं दिल से शुक्रिया कहता हूँ। वसुधा मेरी ओर देखो! क्या तुम्हें मेरी आँखों में प्यार की गहराई नहीं दिख रही है?"

बहुत देर तक वसुधा चुप रही थी। फिर धीरे-धीरे उसने कहा, "आप सारी दुनिया में सिर्फ़ मुझे ही क्यों देना चाहते हैं यह सब? अभी तो आप मुझे पूरी तरह से जानते भी नहीं हैं।"

"देखो, अब हमारे बीच क्या घट रह है?"

"जानती हूँ।"

"तुम्हें नहीं मालूम?"

" क्या नहीं मालूम है मुझे?"

"मैं तुम्हारे प्यार का क़ैदी बन गया हूँ, अब।"

"इस क़ैद से आपको बाहर आना होगा।"

"नहीं आ सकता, आना भी नहीं चाहता।"

"क्यों नहीं आना चाहते?"

"अपने दिल पर हाथ रखकर पूछो कि क्या तुम भी मुझसे प्यार नहीं करतीं?"

"करती हूँ, पर ग़लत है।"

"क्यों ग़लत है?"

"मैं नहीं बता सकती। हाँ, यह ज़रूर कह सकती हूँ कि हम दोनों के लिए इसे भूल जाना ही ठीक रहेगा। सच का पीछा करने से क्या लाभ?" वह कुछ क्षण ख़ामोश रही। आरव उसकी ओर देखता रहा। उसने फिर कहा, "मैं एक शादीशुदा औरत हूँ और मेरी कई अन्य ज़िम्मेदारियाँ भी हैं।"

इस पर आरव ने कहा, "कैसे मान लूँ तुम्हारी बात को मैं? धड़कनों के भी उसूल होते हैं, वसुधा। मेरी यह धड़कन भी अब तुम्हारे नाम पर रुक गयी है। अब बहुत देर हो चुकी है। तुम भूल जाने के लिए कह रही हो। यह असम्भव है। यह किस्मत का खेल है। हमें मिलना ही था। यह पल आना ही था। मेरी आसमान को छूती कामयाबी, मेरे सारे ऐशोआराम, मेरी यह बड़ी सल्तनत, सब नाकाफ़ी रहे। सच तो यह है कि मैं उस प्यार को अपने अन्दर की गहराइयों तक तलाशता रहा। उस होटल के कमरे में तुम्हें देखते ही मैं समझ गया था कि मुझे मेरे प्यार की मंज़िल मिल चुकी है। अब तुम मेरे भीतर पूरी तरह बस चुकी हो। तुम्हारे बिना अब मेरा जीवन एक मरुस्थल बन जायेगा।" उसने वसुधा का हाथ पकड़ लेना चाहा।

"आरव मुझे समझ में नहीं आ रहा है कि मैं क्या करूँ?"

आरव ने तब बहुत गम्भीर स्वर में कहा, "वसुधा, तुम्हारी मुस्कराहट और तुम्हारा शरमाना मेरे रोम-रोम में बस चुका है। अब ऐसा मत दिखाओ कि तुम्हें प्यार नहीं हुआ है।"

इस पर वसुधा बोली, "हाँ, प्यार मुझे भी हो गया है। पर यह ग़लत है। यह हमें बर्बाद कर देगा। यह एक काँटों भरी राह से होकर जाता है। जब दुनिया को मेरी सच्चाई पता चलेगी तो तुम सबकी नज़रों से गिर जाओगे। तुम्हारा सब कुछ खो जायेगा। मैं कहती हूँ कि तुम सँभल जाओ। अभी देर नहीं हुई है।"

"अब यह समय निकल चुका है। कुछ मत कहो मुझसे।"

आरव वसुधा का हाथ पकड़ लेता है और तभी उसके हाथ में हरि का नाम गुदा देखकर वह उसके हाथ को छोड़ देता है। वह समझ जाता है कि वसुधा के दिमाग़ में उस समय क्या ख़याल चल रहा था। वह अचानक एक अपराध-बोध से ग्रस्त हो जाती है और रोते हुए अपने कमरे की ओर दौड़ पड़ती है।

और फिर जब एक दिन आरव होटल के जिम में ट्रेड मिल पर दौड़ रहा था, वहाँ अचानक अपूर्वा, रणदीप और मीरा आ जाते हैं।

"क्या बात है?" आरव ने पूछा।

"मीरा कह रही है कि उसके पास एक ख़ास पत्र है जो वह आपको दिखाना चाहती है।" अपूर्वा ने कहा।

"पत्र मुझे दिखाओ मीरा," आरव ने कहा।"

उसमें लिखा था, 'डियर मीरा, मुझे माफ़ करना। तुम्हारे बारे में मैंने जो कुछ तुमसे कहा था वह सिर्फ़ एक झूठ था। मैं अपने को तुमसे ज़्यादा पाक-साफ़ समझती रही। पर यह सही नहीं है। मेरी ख़ुद की ज़िन्दगी में एक ऐसी कालिख लगी है कि जिसे धोया नहीं जा सकता है। अब मैं पूरी सच्चाई से कह रही हूँ कि तुम्हारी ज़िन्दगी मुझसे ज़्यादा साफ़ है। मुझे माफ़ करना यदि मैंने तुम्हारे दिल को उस दिन चोट पहुँचायी थी। अब मैं इस जगह को छोड़कर जा रही हूँ। तुमसे न मिल सकी। माफ़ करना। इस पत्र को किसी को न दिखाना।"

तुम्हारी वसुधा

“कब मिला तुम्हें यह ख़त मीरा?” आरव ने पूछा।

“रात को पार्टी ख़त्म होने के बाद सर।”

“तुमने उसके सेल पर बात करने की कोशिश की रणदीप!”

“वह आउट ऑफ़ रीच है, सर।”

“कैसा सिक्योरिटी सिस्टम है हमारा। कोई आधी रात को निकल जाता है और हमें पता भी नहीं चलता?”

इस पर अपूर्वा कहती है, “पर हमारे सी.सी. टी.वी. कैमरे ने उसे रात के एक बजे बाहर निकलते हुए रिकॉर्ड कर लिया था।”

“पर अब यह सब बताने का क्या फ़ायदा, अपूर्वा? वह बेवकूफ़ लड़की जा चुकी है। पूरे छह घण्टे बीत चुके हैं। और उसने ख़ुद को ख़तरे में डाल लिया है। अगर हमने उसे नहीं ढूँढ़ा तो वह इस रेगिस्तान में मर जायेगी। हमें उसे ढूँढ़ना चाहिए। रेगिस्तान रेस्क्यू टीम को बुलाओ।”

रेगिस्तान में सूर्योदय एक चेतावनी होती है। वसुधा को इसकी समझ नहीं थी। वह जब अपने उस सूटकेस को खींचने लगी तो बहुत जल्दी वह थक गयी थी। उसे रेगिस्तान की जानलेवा गर्मी का कोई अहसास नहीं था। चढ़ता हुआ सूर्य अब उसे खा जाने के लिए तैयार सा दिख रहा था। अब वह घबरा गयी थी। उसके दिल की धड़कन बढ़ गयी थी। वह अपने चारों ओर देखने लगी थी कि शायद उसे कोई मदद मिल जाये। पर उसे मिली चारों ओर सनसनाती गर्म हवा और एक डरावना-सा शून्य। वहाँ उसे एक जगह दुबई का साइनबोर्ड नज़र आया। तभी उसके सामने कई कारों का एक काफ़िला नज़र आया। आरव, रणदीप और अपूर्वा उसमें बैठे वसुधा को दिखे।

“आरव, हाईवे पुलिस का कहना है कि उन्होंने दुबई की ओर किसी को जाते नहीं देखा। लगता है रात के अँधेरे में भटक कर वह रेगिस्तान की ओर निकल गयी,” अपूर्वा ने कहा।

आरव के शरीर में एक सिहरन-सी दौड़ गयी। आरव की यह बेचैनी अपूर्वा को ठीक नहीं लगी। रणदीप को भी तब लगा था कि वसुधा आरव के लिए स्टाफ मेम्बर से कुछ ज़्यादा थी।

“रुको!” तभी आरव ने कहा। सारी कारें रुक जाती हैं। एक गर्द का बवण्डर-सा उड़ता है। उनके सामने एक कैक्टस का पौधा था। उसमें वसुधा के दुपट्टे का एक टुकड़ा फँसा हुआ था। उसकी जड़ के पास हाथ से खोदी हुई मिट्टी दिख रही थी। शायद यहाँ पर वसुधा ने पानी प्राप्त करने की कोशिश की थी। आरव ख़ुद उस समय वसुधा की उस प्यास को महसूस कर रहा था।

उसने कहा, “वह यहाँ पानी तलाश कर रही थी, अपूर्वा! इस रेगिस्तान में वह प्यास से मर जाये इसके पहले हमें उसे ढूँढ़ लेना होगा। पुलिस से कहो कि वह अपनी तलाश का दायरा बढ़ा दे।”

वसुधा भटक गयी थी। उसके होंठ एवं ज़ुबान प्यास से सूख गये थे। रास्ते में उसने एक टूटे-फूटे ट्रक को देखा। उसके चेहरे पर ख़ुशी का भाव आ गया। वह उस बदन को जला देने वाली रेगिस्तान की धूप से बचना चाहती थी। उसने उस ट्रक की छाँह में बचने की सोची। किसी तरह वह घिसट-घिसट कर उस तक पहुँची। पर वहाँ जाकर उसने जो देखा उससे वह भय से सिहर गयी। वहाँ पर उस ट्रक के ड्राइवर की ठठरी मात्र पड़ी थी। वह सिहर कर गिर पड़ी थी। उसने फिर ट्रक की छाँह में अपने को बचाना चाहा। वहाँ लेटे-लेटे उसे लगा कि शायद वह भी उस ड्राइवर की तरह एक ठठरी मात्र बन कर रह जायेगी।

...आसमान में घूमते हुए रेस्क्यू टीम का हेलीकॉप्टर वसुधा को ढूँढ़ने का प्रयास कर रहा था।

“कुछ साफ़ दिख नहीं रहा है। एक राउण्ड और लगाता हूँ शायद कुछ दिख जाये,” पायलट ने कहा।

यह वही स्थान था जहाँ आरव ने उस दुपट्टे का टुकड़ा देखा था।

“वह क्या है, सर,” तभी सहपायलट ने उस टूटे-फूटे ट्रक की ओर इशारा करते हुए कहा।

इस पर मुख्य पायलट ने कहा, “वर्षों से यहाँ खड़ा है। यह शायद कोई चमत्कार होगा कि इस रेगिस्तान में कोई यहाँ तक पहुँच जाये। यहाँ पर किसी के होने के निशान नहीं हैं। मैं अब वापस जा रहा हूँ।”

...वसुधा सो रही थी। पर सहसा हेलीकॉप्टर की आवाज़ सुन कर वह जाग गयी थी। उसने तेज़ी से बाहर निकलने की कोशिश की।

पर एक निकले हुए पुराने लोहे के टुकड़े में उसका कपड़ा फँस गया। वह उससे अपने को छुड़ा नहीं सकी।

''ठहरो! ठहरो! मैं यहाँ हूँ। रुक जाओ! प्लीज़ रुक जाओ!'' वह चिल्लाती रही।

झटके लगने से उसकी आधी पोशाक फट गयी थी। और जब तक वह निकल कर बाहर आयी, तब तक हेलीकॉप्टर वापस जा चुका था।

निराशा से घिर, वसुधा सिर पकड़ कर बैठ गयी। उसके सामने साँझ का प्यारा चेहरा घूम गया। वह हिचकियाँ मारकर रोते हुए अपने को कोसने लगी थी अपनी मूर्खता पर।

...''बुरी ख़बर है आरव,'' अपूर्वा ने आरव से कहा।

आरव कार की बोनेट पर बैठा था। ''क्या बुरी ख़बर है अपूर्वा?''

''वे अपने रेस्क्यू सर्च को बन्द कर रहे हैं।''

आरव ने कहा, ''तलाश को बन्द कर रहे हैं। मुझे मालूम है कि वह वहीं है, अपूर्वा! मेरा मन कहता है। तुम सब तलाश बन्द कर सकते हो। मैं नहीं करूँगा इसे बन्द!''

सब आरव की ओर देखने लगते हैं।

अब आरव उस रेस्क्यू ऑपरेशन का चार्ज ले लेता है।

वह फिर स्पेयर टायर में पेट्रोल छिड़क कर आग लगा देता है। एक काला धुआँ आसमान की ओर उठने लगता है।

...वसुधा एक गर्भस्थ शिशु की तरह उस ट्रक के नीचे दुबकी रहती है। तभी वह दूर क्षितिज में उस उड़ते हुए काले धुएँ को देखती है। वह समझ गयी थी कि आरव उसकी तलाश कर रहा था। उसके सूटकेस में शिव-पार्वती की फ़ोटो के संग एक धूप-बत्ती, कर्पूर और माचिस थी। उस तस्वीर को उसने बाहर निकाल दिया और फिर उस बैग में आग लगा दी। तभी उसे याद आया कि उसके बैग में एक और अमूल्य वस्तु थी। उसने अपने जलते बैग में हाथ डालकर उसे निकाल लिया था। यह वही नोट था, जिस पर आरव ने उसका नाम लिखा था। उसने प्यार से भरकर इसे निहारना शुरू कर दिया।

अपूर्वा ने उस उड़ते हुए धुएँ को देख लिया। उसने आरव के हाथ में बाइनोक्यूलर दे दिया। उसे देखकर उसका चेहरा ख़ुशी से चमकने लगा। उसकी आँखों में आँसू भर आये और कुछ ही समय में वह कारों का क़ाफ़िला वहाँ पहुँच गया था जहाँ वसुधा थी।

...वसुधा ने अपनी आँखें खोलने की कोशिश की। उसके चेहरे पर मुस्कान दिख रही थी। आरव दौड़कर उसके पास पहुँच गया और उसने वसुधा को पानी की बोतल पकड़ा दी। वह गटागट सारा पानी पी गयी।

अपूर्वा यह सब देख रही थी।

वातावरण की गम्भीरता को कम करने के लिए आरव ने कहा, "यह आँख मिचौली खेलने के लिए तुम्हें यही रेगिस्तान मिला था।"

वसुधा चुप रही। केवल मुस्करा दी। तभी उसके हाथों में वह पेपर देखकर, आरव को वसुधा के प्यार का पूरा अहसास हो गया।

...रणदीप ने आरव को वसुधा की पूरी ख़बर देते हुए कहा, "सर, डॉक्टर ने कहा है कि उन्हें सन-स्ट्रोक नहीं लगा है। बस उन्हें अधिक से अधिक पानी पिलाने की आवश्यकता है। अब वे पूरी तरह ख़तरे से बाहर हैं और कोई भी उनसे मिल सकता है।"

आरव वसुधा को देखने जाना चाहता था। उसी समय अपूर्वा उसके पास आ कर कहती है, "आरव, क्या तुम कल बैंकाक जा रहे हो?"

"क्यों?"

"अरे भूल गये। अपने होटल चेन की तरफ़ से अवार्ड लेने। ऑर्गनाइज़र बार-बार मुझे फ़ोन कर रहे हैं। बताओ क्या कहूँ उनसे?"

"मना कर दो। मैं वहाँ न जा सकूँगा," आरव ने कहा।

"यह तुम्हीं कह दो," अपूर्वा ने कहा।

"ठीक है! मैं कह दूँगा।"

"मैं फ़ोन लगा देती हूँ," अपूर्वा बोली। फ़ोन पर आरव ने कहा," मैं आरव डारा बोल रहा हूँ। मुझे खेद है कि कुछ आवश्यक काम पड़ जाने से मैं आपके इस विशिष्ट कार्यक्रम में सम्मिलित नहीं हो सकूँगा।"

"ठीक है बहुत अच्छा किया आज तुमने," अपूर्वा ने क्रोध से कहा।

आरव ने मुस्कराते हुए कहा, "इसे दूसरी नज़र से देखो अपूर्वा, मुझे मालूम है कि मैं क्या कर रहा हूँ।"

सहसा अपूर्वा हँसने लगी।

"अब तुम किस बात पर हँस रही हो?" आरव ने पूछा।

"मुझे याद आ रहा है कि आज तुमने ठीक उसी ढंग से बोला जिस तरह मैं जुआ खेलने की आदत न छोड़ने पर बोली थी। उस समय मैंने तुम्हारी बात नहीं सुनी थी। उस जुए की आदत से मजबूर होकर मैंने तुम्हारी जेब से भी पैसे निकाले थे। और आज तुम भी उसी राह पर चल

निकले हो जिस पर कभी मैं चली थी।'' फिर वह चुप होकर कुछ सोचने लगी थी। फिर एक दीर्घ चुप्पी को तोड़कर उसने कहा था, ''आरव, मेरी ज़िन्दगी तुम्हारी कर्ज़दार है। यदि उस दिन तुमने मुझे माफ़ न किया होता तो आज मैं जेल में होती। आज न जाने मुझे लग रहा है कि तुम बर्बादी की राह पर निकल पड़े हो। इस लड़की को अपना जुनून मत बनने दो!''

आरव को अपूर्वा के शब्द बहुत प्यारे लगे थे उन पलों में। उसकी भावनाओं को समझते हुए उसने बहुत प्यार से थपथपा दिया। यह अपूर्वा के प्यार को स्वीकार करने की एक गहरी प्रक्रिया थी।

अपूर्वा को ग़ौर से देखते हुए आरव ने पूछा, ''क्या बिना जुनून के प्यार हो सकता है?'' यह कहते हुए वह वसुधा के कक्ष की ओर बढ़ चलता है।

''पर इसमें बहकर सब कुछ भूल जाना ठीक नहीं है,'' अपूर्वा ने कुछ गम्भीर स्वर में कहा।

...शाम छाने लगी थी। वसुधा अपने कमरे में लेटी हुई थी। वह कुछ सोचती रही थी। कमरे में एकान्त फैला हुआ था।

''तुम्हें इस बात का आभास है वसुधा कि अगर हम तुम्हें ढूँढ़ने में कामयाब न होते तो अभी तक तुम मर चुकी होतीं,'' आरव ने कुछ तीखे स्वर में कहा।

''मुझे मालूम है,'' वसुधा ने धीमे स्वर में उत्तर दिया।

''क्या कारण था कि तुम आत्महत्या करने पर उतारू हो गयी थीं?''

''मैं तुमसे दूर चली जाना चाहती थी।''

''क्यों तुम मुझसे दूर क्यों चली जाना चाहती हो?''

''मुझसे कारण मत पूछो आरव।''

''क्यों न पूछूँ? मुझे अधिकार है।''

''मुझे चुप रहना उचित लगता है।''

''नहीं, तुम्हें कारण बताना ही पड़ेगा।''

''तुम्हें कष्ट होगा।''

''कोई बात नहीं। मैं सब कुछ बर्दाश्त कर लूँगा। मैं इतना कमज़ोर नहीं हूँ कि किसी बात से दुखी हो जाऊँ। बताओ क्या बात है?''

''ठीक है! जैसी तुम्हारी इच्छा।''

“मैं तैयार हूँ सत्य को सुनने के लिए।”

“यह जिसे तुम प्रेम समझ रहे हो यह प्रेम नहीं है।”

“तो क्या है यह?”

“यह केवल वासना है। तुम सिर्फ़ मेरे शरीर को प्राप्त करना चाहते हो,” वसुधा ने थोड़े ऊँचे स्वर में कहा।

आरव के चेहरे का रंग फीका पड़ गया था।

“और क्या सोचती हो तुम मेरे बारे में?” उसने घुटी आवाज़ में पूछा।

“मैं तुम्हारी रखैल बन कर नहीं रह सकती।”

“और?”

“हो सकता है कि यह दुनिया तुम्हारे लिए एक बाज़ार हो, जहाँ तुम हर वस्तु पसन्द आने पर मूल्य देकर ख़रीद सकते हो। शायद तुम अपनी ख़ुद की घुटन से बचने के लिए मुझे अपनाना चाहते हो। पर यह मत भूलना कि मैं बिकाऊ नहीं हूँ। धन से तुम मुझे ख़रीद नहीं सकते आरव डारा।” वह कुछ पल के लिए चुप हो गयी। आरव उसकी ओर विस्फारित आँखों से देखता रहा। “और एक बात कहना चाहती हूँ।”

“क्या? कह दो! निकाल दो बाहर अपने भीतर का सारा ज़हर तुम आज।”

“मैं तुम्हारी रखैल किसी भी हालत में नहीं बन सकती।”

“कुछ और भी है अब तुम्हारे पास कहने को?”

वह कहने लगी, “मुझे लगता है कि तुम केवल अपने जिस्म की प्यास बुझाने के लिए मुझे इस जगह लेकर आये हो। यह कभी मत भूलना कि मैं किसी अन्य की मिल्क़ियत हूँ। कैसे बन सकती हूँ मैं तुम्हारे दर्द की दवा?”

...वसुधा चुप होकर हाँफने लगी थी। आरव के चेहरे पर अब केवल एक मुस्कराहट आ गयी।

“अच्छा नाटक कर लेती हो तुम वसुधा।”

“नाटक?”

“हाँ, नाटक।”

“कैसे?”

“जब तुम रेगिस्तान में बेहाल हो मरने की कगार तक पहुँच चुकी थीं, तो मुझे तुम्हारे हाथ में यह मिला था। इसे तुम भी देख लो।”

''क्या सिद्ध करना चाहते हो तुम इसे दिखाकर?'' वसुधा ने कृत्रिम आक्रोश से पूछा।

''इसका मतलब सिर्फ़ एक है।'' वसुधा ने उसकी ओर बड़ी अजीब नज़रों से देखा। ''कि तुम मुझे बेइन्तिहा प्यार करने लगी हो।''

''यह झूठ है।''

''यही सच है। सच से क्यों भाग रही हो?''

''मुझे कुछ समझ में नहीं आ रहा है।''

''समझने की कोशिश भी न करो। तुम्हारी भावनाएँ तुम्हें सब कुछ स्पष्ट कर देंगी।'' कुछ पल रुक कर वह कहने लगा, ''वसुधा, प्यार एक रौशनी है। एक रूहानी ताक़त है। क़िस्से-कहानियों में हम जो कुछ पढ़ते हैं, उससे पूरी तरह अलग। तुम से मिलने के पहले मैं समझने लगा था कि मैं सारी उम्र प्यार के लिए तड़पता हुआ मर जाऊँगा। शायद मेरी तक़दीर में अँधेरा ही लिखा है। बिना प्यार के मरना ही लिखा है। पर मैं एक सच्चा आशिक हूँ। तुमसे प्यार करने से नहीं डरता। तुम भी बड़ी अजब किस्म की लड़की हो। मरने से नहीं डरतीं, पर प्यार करने से डरती हो।''

तब वसुधा ने कहा, ''आरव, मेरी बात को ध्यान से सुनो। मैं सच बोल रही हूँ। मैं प्यार नहीं करना चाहती। कुछ महसूस नहीं करना चाहती...। अकेला छोड़ दो मुझे! ...मर जाने दो मुझे।''

उसकी ओर एक तीखी नज़र से देखते हुए आरव कहने लगा, ''बह जाने दो अब पिघल कर अपने भीतर जमे इस क्रोध को। मुझे मालूम है कि तुम्हारे भीतर की हरियाली दुनिया ने नष्ट कर दी है... तुम्हारी ख़ुशी भी छीन ली है। तुम्हारे सारे तीखे शब्द मेरे ऊपर कोई प्रभाव नहीं डाल रहे हैं। क्यों? इसलिए कि तुम ख़ुद अपने भीतर की दुनिया से बेख़बर हो।''

आरव की समझ ने वसुधा को निरुत्तर कर दिया था। फिर भी उसने बहुत मन्द स्वर में पूछा, ''तो क्या तुम अब मनमानी पर उतर आओगे?''

''हाँ, उतर आऊँगा! मुझे किसी का विरोध बर्दाश्त नहीं होता।''

दोनों फिर हँस दिये थे। संशय के बादल छँट चुके थे। वसुधा आरव की ओर प्यार से देखने लगी थी।

''तुम्हें मैं घर ले जाऊँगा,'' आरव ने वसुधा की ओर देखते हुए कहा। उसके बाद तुम अपनी ज़िन्दगी का फैसला करने को आज़ाद रहोगी।''

एक दिन वह वसुधा को अपने घर ले गया था। इस जगह की ख़ूबसूरती लाजवाब थी। वहाँ कोई पियानो पर एक प्यारी धुन बजा रहा था। वे दोनों उस आलीशान घर में घुस गये थे। वहाँ चारों ओर एक आरामदेह गम्भीरता फैली हुई थी। एक सफ़ेद बालों वाली निहायत ख़ूबसूरत महिला पियानो बजा रही थी। पास ही बड़े से पलँग पर बग़ैर हिले-डुले एक पुरुष लेटा हुआ था।

''ये मेरी माँ—रोहिणी देवी हैं, और वो पलँग पर लेटे हैं, वे हैं प्रोसेनजीत अंकल,'' आरव ने फुसफुसाकर कहा।

''वे कुछ बीमार लग रहे हैं?''

''वे ब्रेन-डैड हैं।''

''तुमने बताया था उस दिन मुझे।''

''वे अपनी ज़िन्दगी की नाकामयाबी को खुशी-खुशी झेल रहे थे, पर वे माँ के अपमान को बर्दाश्त न कर सके थे और आज इस हालात में पहुँच गये हैं।''

''माँ पियानो क्यों बजा रही हैं?''

''उनका ख़याल है कि शायद संगीत की स्वर लहरी से उनकी चेतना वापस लौट आये।''

तभी रोहिणी की नज़र आरव पर पड़ी। ''तुम आ गये बेटा?'' उसने पूछा।

''माँ यह वसुधा है?''

''बहुत सुन्दर है।''

...आरव को याद आ गया कि डॉक्टर ने प्रोसेनजीत अंकल का इलाज करते हुए क्या कहा था उसकी माँ से।

''इनका ब्रेन डेड हो गया है। इन्हें भूल जाओ।''

तब माँ ने कहा था, ''जिसे हम प्यार करते हैं, उसे हम छोड़ नहीं देते सड़कों पर। मेरे लिए इन्होंने अपने को मार लेने की नाकामयाब कोशिश की। कितना चाहते हैं ये मुझे। कैसे भूल सकती हूँ मैं इन्हें! कैसे जा सकती हूँ, इनसे दूर मैं?'' कुछ देखने के बाद वह कहने लगीं, ''डॉक्टर, यह मरे नहीं हैं। मैं इनकी धड़कनों को महसूस कर सकती हूँ। इनके शरीर से प्रवाहित होने वाली आँच से अपने भीतर भी एक पिघलन को फील कर सकती हूँ।''

इस पर डॉक्टर ने एक चिकित्सक की तटस्थता से कहा, "आपकी इच्छा! इनका ठीक होना अब असम्भव है। मैं यह सब इसलिए कह रहा हूँ, कि आने वाले समय में ये आपके लिए बोझ बन सकते हैं।"

इस पर रोहिणी ने कहा, "कभी अपने से दूर नहीं जाने दे सकती मैं इन्हें, डॉक्टर। प्यार कभी भी बोझ नहीं बनता। कितने भाग्यशाली हैं वे जिन्हें इस बोझ को ढोने का अवसर मिलता है। मेरे पास इनकी अगली ड्रिप के भी पैसे नहीं हैं। पर यह मेरा बेटा मेरी मदद करेगा। करोगे न बेटे?"

"करूँगा मम्मी!" आरव ने सहज भाव से उत्तर दिया था।

..."और मैं अपनी माँ से किया हुआ वादा पूरा कर रहा हूँ, वसुधा," आरव ने वर्तमान में लौटते हुए कहा।

वसुधा के सामने ही रोहिणी ने प्रोसेनजीत का माथा चूम लिया था।

"तुम्हारी माँ ने प्रेम का अर्थ समझ लिया है," वसुधा ने आरव से कहा।

आरव ने तब कहा, "पिछले 19 वर्षों से माँ इनकी देखभाल कर रही हैं। ये इनकी ज़िन्दगी के सबसे बेहतरीन साल रहे हैं। इन्होंने संगीत भी सीखा इसी सेवा के लिए। इस गहरी तनहाई में यह इसी संगीत के द्वारा प्रोसेनजीत अंकल के दिल की धड़कनों को सुन सकती हैं।"

"आज मुझे न जाने क्यों लग रहा था कि तुम यहाँ आओगे। कैसे आ गये आज तुम यहाँ बग़ैर पूर्व सूचना के?"

"बस यूँ ही मन कर गया, मम्मी।"

"मैं बहुत ख़ुश हूँ, आरव!"

"मैं भी, मम्मी!"

फिर मुस्कराते हुए बोलीं, "अपनी तरह ही ख़ानाबदोश लग रही है।"

"और यह कौन है।"

"बहुत सुन्दर है।"

इस पर आरव ने मुस्कराकर कहा, "मम्मी, यह मेरी ज़िन्दगी को आबाद कर सकती है। मैं इसे और इसके बेटे को अपनाना चाहता हूँ। न जाने क्यों यह मेरी मोहब्बत को ठुकरा देना चाहती है?"

रोहिणी ने तब कहा, "बेटा, यह औरत बहुत ख़ास है। इसके भीतर मैं एक शान्त और दबे हुए सैलाब को देख रही हूँ, जो आज नहीं तो कल ज़रूर बाहर आयेगा।" फिर वसुधा की ओर देखते हुए कहने लगी, "बेटी, शायद मेरे बैरागी बेटे को भी तुम्हारे प्यार ने बदल दिया है।

अपने भीतर की सीता और राधा को पहचानो। ज़िन्दगी सिर्फ़ एक बार मिलती है, दोबारा नहीं। अपनी मोहब्बत को पहचानो और अपनाओ भी।'' फिर कुछ पल के लिए वह सोचने लगी। वसुधा भी सोच में पड़ गयी थी। रोहिणी फिर कहने लगी, ''सती के पवित्र प्रेम ने शिव जैसे अघोरी को भी प्रेम की पावन नदी में डूबने के लिए मजबूर कर दिया था।''

''मेरे भीतर वह क्षमता कहाँ, माँ! वसुधा ने धीमे स्वर में कहा।

रोहिणी ने बहुत प्यार से वसुधा का हाथ पकड़कर कहा, ''बेटी, मैंने भी दुनिया देखी है। तुम्हारी आँखों में तुम्हारे जीवन की सारी कथा लिखी हुई है। मुझे तुमसे पहली नज़र में ही प्रेम हो गया है।'' रोहिणी कुछ क्षणों के लिए चुप हो गयी और बहुत प्यार से वसुधा को निहारने लगी। उन क्षणों वसुधा को ऐसा लगा कि जैसे अनेक युगों से उसके भीतर जमा हिमखण्ड पिघलने लगा था। एक लम्बी ख़ामोशी के बाद रोहिणी फिर कहने लगी, ''मैं अच्छी तरह समझ गयी हूँ कि तुम मेरे बेटे के लिए ही बनी हो। वसुधा, मैं तुम्हारे भीतर उस धरती को देख रही हूँ, जो मेरे घर को एक अपूर्व विस्तार दे सकता है।'' इतना कहकर, रोहिणी फिर कुछ क्षणों के लिए मौन हो गयी। फिर वह वसुधा की ओर देखते हुए कहने लगी, बेटी, आज एक माँ तुम्हारे सामने आँचल पसारकर अपने बेटे के लिए ख़ुशी की भीख माँग रही है। प्लीज़ आज एक बूढ़ी और असहाय माँ की याचना को मत ठुकराना।''

जब वह चुप हो गयी तो उसका हाथ पकड़कर वसुधा कहने लगी, ''माँ ऐसा न कहें। इससे मुझे बहुत कष्ट हो रहा है। मैं भी एक माँ हूँ; इसीलिए मैं एक माँ की भावनाओं को पूरी तरह से समझ सकती हूँ।'' इतना कहकर वसुधा कुछ क्षणों के लिए चुप हो गयी। रोहिणी जिस तरह याचनापूर्ण नेत्रों से उसकी ओर लगातार देख रही थी, उससे वसुधा एक गहरी बेचैनी का अनुभव कर रही थी। उसे समझ में नहीं आ रहा था कि वह कैसे सामने खड़ी महिला को एकदम, बिना सोचे-समझे आश्वासन दे दे। एक लम्बी ख़ामोशी के बाद वसुधा ने फिर कहना शुरू किया, ''माँ, आपने मुझे बेटी कहा है। आप मुझसे कुछ भी माँग सकती हैं। परन्तु आपको मेरी मजबूरी को भी समझना पड़ेगा। हर निर्णय लेने के पूर्व मुझे यह भी याद रखना पड़ता है कि मैं एक माँ और एक पत्नी भी हूँ। सच तो यह है माँ कि मैं चाहकर भी अपने दायित्व को किसी

भी तरह दरकिनार नहीं कर सकती। आप मानें या न मानें मैं ज़िन्दगी के बोझ से बुरी तरह दबी हुई एक असहाय औरत हूँ। आज मैं यह भी भूल चुकी हूँ कि मेरे भीतर एक औरत भी है। अगर वह है भी तो वह पूरी तरह मर चुकी है।''

जब वसुधा चुप हो गयी तो रोहिणी ने उसे गले लगा लिया। फिर बड़े प्यार से उसके सर पर हाथ फेरते हुए, रोहिणी ने कहा, ''वसुधा, मैं अपने बेटे को अच्छी तरह जानती हूँ। प्यार के लिए वह सब कुछ कर सकता है। मुझे पूरा विश्वास है कि जिस हरियाली को तुम खो चुकी हो, उसे मेरा आरव एक बार फिर से तुम्हारी ज़िन्दगी में लौटा देगा।'' फिर कुछ पल चुप रहने के बाद वह कहने लगी, ''ज़िन्दगी बहुत कठोर होती है। यदि वह किसी को अवसर देती हैं तो उसे बग़ैर किसी चेतावनी के छीन भी लेती है। मैं फिर एक बार तुमसे कह रही हूँ कि आगे बढ़ो और जीवन की इस रेशमी डोर को मज़बूती से पकड़ लो। मेरा यक़ीन करो कि यह तुम्हारे जीवन के सारे घावों को भर देगा।''

बहुत लम्बे समय तक ख़ामोश रहने के बाद वसुधा ने क़हा, ''माँ, मैं पूरी तरह से टूट चुकी हूँ। मैं यों ही कोई फ़ैसला अपने मन से नहीं ले सकती। मुझे लगता है कि केवल समय इस बात का फ़ैसला करेगा। अच्छा है कि हम उचित समय का इन्तज़ार करें।''

''वसुधा!''

''हाँ, माँ!''

''मैं तुम्हारी बात को पूरी तरह समझ चुकी हूँ।''

''धन्यवाद माँ!''

''मैं एक बात और कहना चाहूँगी।''

''हाँ माँ!''

''आज मुझे लग रहा है कि मैं तुम्हारे हौसले की कायल हो गयी हूँ।''

''आप ने भी मेरा दिल बाँध लिया है।''

''तुम हो ही बहुत प्यारी!'' रोहिणी ने कहा।

''आपकी बातों से मुझे ऐसा लग रहा है कि अब मेरी ज़िन्दगी का भटकाव बहुत शीघ्र खत्म होने वाला है।''

''वसुधा, आज की यह छोटी-सी मुलाक़ात भी मुझे बहुत ख़ास लग रही है,'' रोहिणी ने कहा।

"कैसे?" वसुधा ने पूछ लिया।

"मुझे ऐसा लग रहा है कि मैं तुम्हें वर्षों से जानती हूँ।"

"यह इसलिए है कि माँ का दिल बहुत बड़ा होता है।"

"तुम किसी को भी पूरी तरह बदल सकती हो।"

"आप बहुत दयालु हैं, माँ! आपकी अच्छाई इतनी बड़ी है कि आप किसी में बुराई देखती ही नहीं हैं," वसुधा ने प्रेमपूर्ण स्वर में कहा।

इस पर रोहिणी हँसते हुए कहने लगी, "मुझे तो न जाने क्यों ऐसा लग रहा है कि यह तुम अपनी ख़ासियत बता रही हो।"

इस पर वसुधा ने कहा, "नहीं माँ, मैं यह पूरे मन से कह रही हूँ आपकी आत्मा बहुत पवित्र है। आप किसी प्रकार का छल-कपट कर ही नहीं सकतीं।"

"वसुधा!"

"हाँ, माँ!"

"भगवान तुम्हें हर प्रकार का सुख दें यही मेरी दिली कामना है।"

"धन्यवाद माँ! मुझे हमेशा आपका यह प्रेम मिलता रहे तो मैं अपने जीवन को धन्य मानूँगी।"

...वसुधा के मन पर रोहिणी के शब्दों का गहरा प्रभाव पड़ा था। वे वापस आ गये थे।

तभी दूसरे दिन सुबह-सुबह आरव ने उससे कहा, "वसुधा, अपूर्वा तुम्हें एयरपोर्ट पर मिलेगी। वह तुम्हें एक चार्टर्ड प्लेन से मुम्बई वापस ले जायेगी। मैं तुम्हें छोड़ने नहीं पहुँचूँगा। मैं तुम्हें अपनी ज़िन्दगी से जाते हुए नहीं देख सकता।"

आरव को एकटक देखते हुए वसुधा कहने लगी, "तुमने मुझे जो आदर दिया, शायद मैं उसके लायक नहीं थी, आरव। कैसे भूल जाऊँ मैं अपने बीते दिनों को? क्या तुम मुझे फिर से जीना सिखा सकते हो? मैं बहुत थक चुकी हूँ लड़ते-लड़ते। अब और नहीं। मुझे अपनी बाँहों में भर, तुम मुझे प्यार करना सिखा दो! बस, और कुछ नहीं चाहिए मुझे।"

भावनाओं का एक विराट ज्वार दोनों को अपने प्रवाह में बहा ले जाता है। उन्हें लगा जैसे कि उनके भीतर एक संगीत-लहरी व्याप्त होती जा रही थी। दोनों प्रेमियों को उस समय अपने आसपास का बोध भी न रहा। उन क्षणों में वे केवल एक-दूसरे में समा जाना चाहते थे।

लहरें उठते-उठते एक तूफ़ान खड़ा कर देती हैं। दोनों, वसुधा और आरव उसकी लहरों में बहते-बहते एक-दूसरे की धड़कनों को काफ़ी समय तक बाँटते रहे। और फिर सहसा वे तेज़ तरंगें एकदम शान्त हो ठहर गयी थीं। दोनों एक मादक अलसाई ख़ामोशी में लिपटे सो गये थे।

वसुधा और आरव की निकटता अपनी पूरी ऊँचाई पर पहुँच गयी थी। उनकी घनिष्ठता ने, उनके मध्य जीवन के नये आयामों को रच दिया। वे अब अधिक से अधिक समय संग बिताते। आरव अब एक बहुत सफल व्यापारी से एक बहुत निष्ठावान प्रेमी बन गया था।

...फिर एक दिन आरव उसे लेकर अपने वकील रॉबिन सालवे के यहाँ पहुँच गया था।

"ये वसुधा हैं। मैं इनसे विवाह करना चाहता हूँ, रॉबिन। इनके पति इनको छोड़कर कहीं चले गये हैं,"। आरव ने एक साँस में यह सब रॉबिन से कह दिया।

रॉबिन ने वसुधा की ओर देखते हुए कहा, "आरव केवल मेरा क्लाइंट मात्र ही नहीं है। यह मेरा ख़ास दोस्त भी है। इसने मुझे पहले से ही सब कुछ बता दिया है। आपके डिवोर्स के काग़ज़ात पहले से ही तैयार हैं। इन सब कामों में अक्सर काफ़ी समय लग जाता है। लेकिन क्योंकि आपका पति आपको छोड़कर चला गया था, इसलिए आपका काम कम समय में हो जायेगा। फिर भी वर्ष मान कर चलिए।"

"ठीक है। आप इसकी प्रक्रिया शुरू कर दें," वसुधा ने कहा।

"इन पेपर्स पर साइन कर दें," रॉबिन ने कहा।

वसुधा और आरव जब रॉबिन के यहाँ से वापस आये तो दोनों की आँखें आने वाले भविष्य की कल्पना कर चमक रही थीं। दोनों एक-दूसरे का हाथ पकड़ कर चलने लगे थे।

...वसुधा को याद आ गयी थी, साँझ के संग हुई अपनी उस मुलाक़ात की।

"कैसे हो बेटा?" वसुधा ने बाँह फैला कर पूछा था।

उसकी बाँहों में आते हुए साँझ ने कहा, "मम्मी, आज मुझे बहुत अच्छा लग रहा है।" फिर वसुधा की ओर देखते हुए वह बोला, "मम्मी, मैंने अब की इण्टर स्कूल क्विज़ कॉन्टेस्ट जीत लिया है।"

"मुझे मालूम है। तुम्हारे प्रिंसिपल ने मुझे पहले से बता दिया है।"

आरव दूर कार में बैठा था। उन दोनों को ख़ुश देखकर वह भी ख़ुश हो रहा था और अपने कैमरे से चुपचाप उनकी फ़ोटो खींच रहा था।

"मम्मी कुछ गिफ्ट लायी हो तुम मेरे लिए?"

"लायी हूँ।"

"मुझे दो।"

"यह लो", कहकर वसुधा ने वह पैकेट साँझ के हाथ में दे दिया।

"क्या है इसमें?" साँझ ने पूछा।

"तुम गैस करो।"

"आई-पॉड।"

"कैसे पहचाना तुमने यह मेरे क्विज़ विनर?"

"क्या इसे पापा ने भेजा है?"

"नहीं, मैं लायी हूँ।"

"क्या पापा तुम्हारे संग आये हैं यहाँ?"

"मतलब?"

"मेरा दोस्त विमल कह रहा था कि तुम पापा के संग मुझसे मिलने आयी हो। कहाँ हैं पापा?"

वसुधा चुप रही कुछ समय तक। फिर वह धीरे-से बोली, "वह मेरे संग कोई और था बेटे। हाँ, जल्दी पापा तुमसे मिलने वाले हैं।"

साँझ बहुत प्रसन्न हो गया था।

वसुधा और आरव फिर वहाँ से चल दिये थे। सूरज तेज़ी से ढल रहा था और साँझ का अँधेरा पसरने लगा था।

"अब बताओ वसुधा, तुम्हारे घर के लिए लेफ्ट मुड़ना है या राइट?"

"मुझे यहीं उतार दो आरव।"

"यहाँ से पैदल जाना चाहती हो?"

"हाँ।"

"क्यों? कुछ खोयी-सी लग रही हो। क्या बात है?"

वसुधा इस पर बोली, "मैं नहीं चाहती कि तुम वह जगह देखो जहाँ मैं रहती हूँ। यह मत भूलो कि मैं अभी भी सबकी नज़र में एक शादीशुदा औरत ही हूँ। मैं नहीं चाहती कि लोग मेरे बारे में बातें बनायें।"

इस पर आरव ने कहा, "ठीक कह रही हो! मैं तुम्हारा इन्तज़ार करूँगा।"

आरव ने गाड़ी सड़क के किनारे रोक दी थी। उसे लगा कि शायद वसुधा साँझ को लेकर डिस्टर्ब्ड थी।

...वसुधा ने घर का दरवाज़ा खोला तो वहाँ फैला अँधेरा एक जानवर की तरह उसे निगलता सा लगा था। उसने आले पर रखा छोटा-सा लैम्प जला लिया। उसने देखा कि सारे बर्तन इधर-उधर बिखरे हुए थे। एक खिड़की कुछ खुली हुई सी थी और कुछ कबूतर अपने पंख फड़फड़ाते हुए बाहर की ओर निकल रहे थे। उसने कुछ गुस्से से खिड़की बन्द कर दी। फिर उसने जो देखा, उससे वह चौंक गयी। कोई चादर बिछाकर ज़मीन पर लेटा था। उसने झटके से बेड-शीट को खींचा और देखा कि वह व्यक्ति बैठ गया था। वसुधा ने झपट कर किचन से चाकू उठा लिया और उस व्यक्ति की ओर तान दिया।

"यहाँ से बाहर निकलो।" उसने उसको चेतावनी देते हुए कहा।

"धीरे-धीरे बोलो वसुधा...पहचाना नहीं? मैं हूँ, तुम्हारा हरि!"

उसके हाथों से चाकू गिर जाता है। "यहाँ क्यों आये हो?" उसने हरि से पूछा।

"पहले कुछ खाने को दो। बड़ी भूख लगी है," हरि ने याचनापूर्ण स्वर में कहा।

"मैं लाती हूँ," कहते हुए वसुधा बाहर निकल गयी।

तभी उसके मोबाइल की घण्टी बजने लगी। उसमें आरव का नम्बर दिख रहा था। वसुधा की आँखों से आँसू बहने लगे थे। वसुधा ने नम्बर काट दिया था। आरव इससे चौंक गया था।

...वसुधा कुछ खाना ले आयी थी। हरि उसे खाने लगा था। उसने हरि को एक गिलास में पीने को पानी दिया।

उसकी ओर देखते हुए हरि ने कहा, "आज बहुत दिनों बाद पेट भर खाना खाया है।"

उसने वसुधा को अपनी बाँहों में भरना चाहा। वह पीछे हट गयी।

"दूर रहो," वह हरि से बोली।

"क्यों? क्या हुआ वसुधा? क्यों डर रही हो मुझसे?"

"हाँ, डर रही हूँ।"

"मैं तुम्हारा पति हूँ। यह जानकर भी।"

''इसलिए कि पुलिस तुम्हें हत्यारा मानती है। और यह जब मैं उनको बताऊँगी तो वे तुम्हें गिरफ़्तार कर लेंगे। साँझ का क्या होगा फिर?''

''तुम पुलिस का विश्वास कर रही हो?'' हरि ने कहा। वह कुछ देर चुप रहा। वसुधा उसकी ओर देख रही थी। फिर हरि धीमे स्वर में कहने लगा, ''मैं उनका शिकार हूँ। मैं भी उन अमेरिकन पत्रकारों के संग एक बन्धक था, और जब उन अमरीकियों को खाना खाते समय उन्होंने उन्हें मार दिया तो मुझे उनके पास खड़ा कर वह बन्दूक मेरे हाथ में दे दी जैसे कि वह हत्याएँ मैंने की हों।''

''तुमने पुलिस को क्यों नहीं बताया सच?''

''कौन करता मेरा विश्वास?''

वसुधा उसके पाँव में एक गन्दी पट्टी बँधी देखती है।

''लाओ मैं तुम्हारे पाँव में मलहम लगा कर पट्टी बाँध दूँ,'' वसुधा ने कहा।

''ओह, कितना भयानक था वह दृश्य! चारों ओर बिखरा ख़ून और वह रोने कराहने की आवाज़ें! और उन सबके बीच वह विद्रूप हँसी।'' फिर वह कुछ याद करने लगा। उसके चेहरे पर दिखने वाला पीड़ा का भाव स्पष्ट था जब वह कहने लगा, ''एक रात वह मुझे लेकर ठहर गये थे फादर पीटर दयाल के कुष्ठ रोग आश्रम में! फादर ने मेरी मदद करनी चाही थी। पर उनका प्लान फेल हो गया था। जानती हो फिर क्या हुआ?'' वसुधा हरि की ओर देखने लगी थी। ''उन्होंने मेरी एक अँगुली काट ली थी और? फादर का एक पैर।''

''कितना डरावना रहा होगा वह सब हरि!''

''ठीक कह रही हो वसुधा! उस समय मेरे दिमाग़ में सिर्फ़ तेरा और साँझ का ख़याल रहता था। लेकिन फिर भगवान ने मेरी मदद की। एक दिन उस जगह अचानक बाढ़ आ गयी और मुझे बच निकलने का मौक़ा मिल गया। क्या तुम भी मेरा विश्वास नहीं करोगी?''

''करूँगी। कर रही हूँ,'' वसुधा ने कुछ आर्द्र स्वर में कहा।

''मुझ पर विश्वास कर रही हो तो वह करो जो मैं कह रहा हूँ।''

''क्या चाहते हो मुझसे तुम अब?''

''हम रात को बाहर निकलेंगे। कार कैसे मिलेगी मुझे पता है। सुबह तक हम साँझ के स्कूल पहुँच जायेंगे। फिर हम सबकी पहुँच से कहीं

दूर निकल जायेंगे और फिर से नया घर बसायेंगे... ठीक है?'' वसुधा ख़ामोश रहती है। ''क्या मैंने कुछ ग़लत कहा है?''

''मुझे सोचने के लिए समय चाहिए।''

''क्यों?''

''बस यूँ ही।''

बार-बार फ़ोन की घण्टी बजने पर, हरि उसके सेल को उठा लेता है। उसमें प्राइवेट नम्बर को देख कर वह ज़ोर से कहता है, ''यह कौन है जो सुबह के पाँच बजे तुम्हें लगातार फ़ोन किये जा रहा है?'' फिर वह वसुधा के मोबाइल को ज़ोर से पटक कर पूछता है, ''कौन है यह! बताओ मुझे!''

वसुधा काँपने लगती है और फिर हरि की ओर देखते हुए कहती है, ''यह आरव हैं। मेरे बॉस... मालिक। वह मुझसे शादी कर मेरे बेटे को भी अपनाना चाहते हैं। प्यार करते हैं वह मुझसे।''

अपने भव्य प्रेसीडेंशियल सुइट में बैठा हुआ आरव अपनी सोच में डूबा रहता है। बाहर का ख़ूबसूरत दृश्य भी उसे बेचैन ही कर रहा था। आसमान में घुमड़ते बादल उसकी बेचैनी को और बढ़ा रहे थे। उसने अपने फ़ोन को उठाकर नम्बर मिलाया।

''मीरा!''

''यस सर!''

''क्या कोई समाचार तुम्हें मिला वसुधा का?''

''नहीं सर।''

''सर, आप इस समय कहाँ हैं?'' मीरा ने पूछा।

''मुम्बई में।''

''ठीक है, कोई ख़बर मिलते ही मैं आपको इसकी ख़बर दूँगी,'' मीरा ने कहा।

फिर आरव ने अपूर्वा को फ़ोन किया।

''अपूर्वा!''

''क्या है आरव? कहाँ हो तुम? मैं तुम्हें लेकर बहुत परेशान हूँ।''

''तुम्हें परेशान होने की कोई ज़रूरत नहीं है अपूर्वा।'' फिर कुछ पल की ख़ामोशी के बाद वह कहने लगा, ''जो कुछ तुम मेरे लिए करती हो,

कर रही हो उन सबके लिए मैं तुम्हारा शुक्रगुज़ार हूँ। पर मैं अपनी प्राइवेट लाइफ़ में किसी प्रकार की दख़लन्दाज़ी पसन्द नहीं करूँगा।''

''ठीक है। तुम अपनी देखभाल ख़ुद करो। मुझसे तुम जो चाहोगे... कहोगे मैं कर दूँगी।''

इसके पहले कि आरव कुछ और कहता, अपूर्वा ने उसकी कॉल को काट दिया था।

सुबह के आसमान में लाली फूटने लगी थी। हरि और वसुधा आमने-सामने बैठे हुए थे। एक बेचैन करने वाला मौन वहाँ व्याप्त था।

हरि ने उसकी ओर देखते हुए कहा, ''तुम्हारी बात से मुझे बहुत बुरा लगा है। मन कर रहा है कि तुम्हारा गला घोंट कर तुम्हें मार दूँ और फिर ख़ुद को भी मार लूँ। पाँच वर्षों तक मैं तुम्हारे बारे में ही सोचता रहा। पर, क्या हुआ? तुम निकलीं बेवफ़ा! बेग़ैरत! तुमने आज अपने पिता के संस्कारों को छोड़ दिया है। मुझे लगता है कि तुम अब पूरी तरह बेहया हो चुकी हो। तुम अपने जिस्म को बेचने लगी हो। धिक्कार है तुम्हें!''

वसुधा उसकी बातों को ख़ामोशी से सुनती रही, लेकिन फिर उसके क्रोध का ज्वालामुखी भड़क गया। वह तेज़ स्वर में कहने लगी, ''किन यादों और संस्कारों की बात कर रहे हो तुम हरि? तुमने मुझे केवल एक पशु समझा। तुम बेरहमी से मेरे जिस्म को नोचते-खसोटते रहे और मैं सब कुछ चुपचाप संस्कारों के बोझ के नीचे दबी सहती रही। मेरे हाथ पर अपना नापाक नाम खुदवा कर तुम मेरे मालिक बन बैठे! अब कैसे तुम उस बेरहम, गुज़रे वक़्त की दुहाई इतनी बेशर्मी से दे रहे हो।'' और वह चुप हो हाँफने लगी। फिर वह बोली, उसकी आँखों में बसी पूरी पीड़ा के संग, ''और यह भी मत भूलो कि किस तरह तुम मेरी ज़िन्दगी से चले गये थे। किस तरह मैंने अपने बेटे को इस ख़ुदगर्ज़ दुनिया में पाला है। अब, आज, तुम वह सब नष्ट करने पर आमादा हो! मैं तुमसे भीख माँगती हूँ कि मेरी इस दुनिया को नष्ट न करो अब! ख़ुद तुम्हारी माँ ने यह सलाह मुझे दी कि तुमसे दूर रहने में ही मेरी भलाई है। आज मैं समझ गयी हूँ कि आरव मेरी ज़िन्दगी को संवार सकता है। तुम्हें तलाक देकर मैं उससे शादी करूँगी।''

वसुधा के शब्दों ने आग में घी का काम किया। उसने एक ज़ोरदार तमाचा मारते हुए कहा, "हरामज़ादी, कुतिया, मेरे बेटे का बहाना लेकर अब तू उस अमीरज़ादे का बिस्तर गरम करने की सोच रही है। अब इस गन्दे प्यार की दुहाई दे रही है। आज बता दे मुझे रण्डी कि तू उससे प्यार करती है। उसके साथ रात गुज़ार चुकी है।"

वसुधा का क्रोध भी अब सातवें आसमान पर पहुँच गया था। अपनी सारी पीड़ा को भूल कर वह कहती है, "नाबदान के कीड़े, मर जा! हाँ, तूने ठीक कहा मैं उससे प्यार करती हूँ और करती रहूँगी। मार दे मुझे फिर भी मैं उससे प्यार करना नहीं बन्द करूँगी।"

हरि उसे मारना शुरू कर देता है। फिर अचानक वह कहने लगा, "मुझे पता है कि मुझे क्या करना चाहिए?"

वह दरवाज़े की ओर बढ़ चलता है।

उसने कहा, "अब तुम क्या करना चाहते हो हरि? रुक जाओ।"

हरि वसुधा को ज़ोर की ठोकर मारता है। वह ज़मीन में गिर जाती है। बिल्कुल एक सूखे पत्ते की तरह।

हरि के हाथों में पिस्तौल देखकर वसुधा आशंका से घिर जाती है।

आरव टी.वी. में ख़बर सुन कर चौंक गया था। 'मुम्बई पुलिस क्राइम ब्रान्च ने, टैक्सी वाले हरि प्रसाद को अमेरिकी नागरिकों की हत्या के आरोप में गिरफ़्तार कर लिया है। वह पिछले पाँच वर्षों से पुलिस से आँख-मिचौली कर रहा था।'

समाचार को सुनकर आरव विचलित हो गया था। उसी समय मैडी भीं कमरे में आयी थी।

"सर, वसुधा का फ़ोन आया था," मैडी ने धीमे स्वर में कहा था। आरव जब उसकी ओर देखने लगा, तब वह फिर कहने लगी, "उसने मुझसे कहा कि मैं आपको बता दूँ कि वह अपने बेटे साँझ के स्कूल जा रही है। मुझे लगता है कि शायद वह किसी बड़ी मुसीबत में है और उसे मदद की ज़रूरत है।"

"क्या परेशानी है उसे मैडी?" आरव ने पूछा।

"बस उसने और कुछ नहीं कहा," मैडी बोली।

...आरव और वसुधा वहाँ साथ-साथ पहुँचे थे।

''मुझे कोई दिक्कत नहीं है...पर बोर्ड के ट्रस्टी नहीं चाहते हैं कि साँझ यहाँ पढ़े औरों के संग। टी.वी. की ख़बर सबने सुन ली है। और लोग अपने बच्चों को मुजरिम के बच्चे के संग पढ़ता नहीं देखना चाहते हैं। वे सब ट्रस्टी लोगों को फ़ोन कर रहे हैं,'' प्रिंसिपल घोड़पदे ने कहा।

''आप इस बात को समझने की कोशिश करें...स्कूल के नैतिक नियम...''

''भाड़ में जाये आपकी नैतिकता और आपके खोखले और घटिया नियम। आपका लॉजिक एकदम बेहूदा है,'' आरव ने तेज़ स्वर में कहा। फिर घोड़पदे की ओर घूरते हुए वह कहने लगा, ''मैं साँझ का अभिभावक हूँ। और अब जब आपके ट्रस्ट वाले उसे बाहर निकालना चाहते हैं, तो मुझे यह पूरा ट्रस्ट ख़रीद कर इसे मानवीय संवेदना के नियमों के अनुसार चलाकर बहुत खुशी मिलेगी। साँझ स्कूल छोड़कर कहीं नहीं जायेगा। अब आगे क्या करना है, यह आपको सोचना है। मुझे नहीं।''

फिर वह वसुधा के संग बाहर आ गया था। प्रिंसिपल को समझ में नहीं आ रहा था कि वह क्या करे।

''आरव, मैं तुम्हारी आभारी हूँ,'' वसुधा ने बाहर निकलकर बहुत कोमल स्वर में कहा। ''मेरा बच्चा बेइज़्ज़ती से बच गया।''

''मैं हूँ ना, वसुधा। चिन्ता मत करो मैं सब सँभाल लूँगा।'' आरव ने आश्वासन भरे शब्दों में कहा।

उन पलों में वसुधा ने एक गहरी शान्ति का अनुभव किया था।

आरव वसुधा को लेकर होम मिनिस्टर के घर पहुँच गया था। वहाँ अपूर्वा पहले से मौजूद थी।

''होम मिनिस्टर तुम्हारा इन्तज़ार कर रहे हैं। उन्हें फ़्लाइट पकड़नी है,'' अपूर्वा ने कहा।

''मैं बाहर इन्तज़ार करती हूँ,'' वसुधा ने कहा।

''वसुधा, तुम भी मेरे संग भीतर चलोगी,'' आरव ने कहा।

''शायद इसके सामने मिनिस्टर तुमसे खुल कर बात न कर सकें।'' अपूर्वा ने अपना विचार व्यक्त करते हुए कहा।

इस पर आरव ने कहा, ''अपूर्वा, यह इसकी ज़िन्दगी का सवाल है। मुझे इसे अपने संग ले जाना चाहिए।''

मन मार कर अपूर्वा को आरव की बात माननी पड़ी थी। अपूर्वा को लगा कि अभी और मुसीबत आने वाली थी।

रोहन जोशी भव्य व्यक्तित्व के स्वामी थे। वह ए.सी.पी. पाटिल से बात कर रहे थे। आरव को देखते ही, वे एक बनावटी गर्मजोशी से बोले, ''क्या बात है? आज आरव डारा हमारे ग़रीबखाने में!''

आरव उसके बनावटी स्वागत से अप्रभावित रह कहता है, ''मैं इसके कारण आपके पास आया हूँ।''

वसुधा ने हाथ जोड़कर नमस्ते की थी।

''क्या कर सकता हूँ मैं इनके लिए?'' रोहन जोशी ने पूछा।

इस पर आरव ने कहा, ''सर, यह देश कानून से चलता है! किसी की मनमर्ज़ी से नहीं।'' रोहन जोशी उसकी ओर देखने लगते हैं। वह बोला, ''इसके पति को शिकार बनाया गया है। वह बेगुनाह है।'' फिर कुछ सोच कर वह कहने लगा, ''इलेक्शन आने वाले हैं, मैं वायदा करता हूँ कि कोई भी रकम आपके पास अपूर्वा के हाथ एक घण्टे के भीतर पहुँच जायेगी। पर किसी बेगुनाह को गन्दी राजनीति का शिकार न होने दें। ये मत भूलिए कि मैं एक बहुत बुरा दुश्मन हूँ।'' वह फिर कुछ पलों के लिए चुप हो गया था। वहाँ एक अजीब सा सन्नाटा छा गया। फिर आरव गम्भीर स्वर में बोला, ''मैं अपनी आख़िरी साँस तक लड़ूँगा।''

उस समय पाटिल बहुत हल्के और विनम्र स्वर में बोला, ''हमारे पास उसके ख़िलाफ़ सबूत हैं।''

पाटिल की ओर देखते हुए आरव ने कहा, ''मिस्टर पाटिल, आप मुझे एक बहुत अच्छे व्यक्ति लग रहे हैं। मुझे सिर्फ़ ये बतायें कि क्या आप इन नेताओं के हाथ की कठपुतली बने अपने विभाग में ठीक से काम कर सकते हैं? ये लोग किसी की हत्या करने के पहले आपके कन्धे का इस्तेमाल करते हैं। ये नेता सिर्फ़ अख़बार, मीडिया में सुर्खियाँ बटोरना चाहते हैं। ग़रीब जनता इनके लिए कोई मायने नहीं रखती है। बस मैं सिर्फ़ इतना ही जानता हूँ।''

...अपूर्वा हैरत से आरव की ओर देखने लगती है। उसे लगा कि आरव ने बहुत बड़ा ख़तरा अपने लिए मोल ले लिया था। पाटिल मन-ही-मन पैसे की ताक़त का खेल देख रहा था।

रोहन जोशी एक मँजा हुआ खिलाड़ी था। वह बिना किसी प्रतिक्रिया के मुस्करा कर बोला, ''आरव डारा, आप ठीक कह रहे हैं। मैंने ही पाटिल

से गिरफ़्तार किये जाने की ख़बर को मीडिया को देने को कहा था। यह बिल्कुल ठीक है कि इलेक्शन नज़दीक हैं और मैं सुर्खियों में बना रहना चाहता हूँ। और एक सच यह भी है कि अमेरिकी सरकार का भी दबाव है। पाँच वर्षों में भी हम कहीं नहीं पहुँच सके।" और फिर कुछ क्षणों के लिए रोहन जोशी चुप हो कर कुछ सोचने लगा था। फिर उसने कहा, "हाँ, आज सुबह ही इनके पति ने क्राइम ब्रान्च में जाकर अपने गुनाह को कबूला और कबूलनामे में हस्ताक्षर भी कर दिये हैं।" फिर उसने कबूलनामे की कॉपी भी दिखा दी।

आरव एकदम ख़ामोश हो गया।

तब पाटिल ने कहा, "मैंने हरि से पूछा भी था कि वह ऐसा क्यों कर रहा था। मैंने उससे कहा भी था कि इस करारनामे का परिणाम तुम्हारे लिए बहुत ख़राब हो सकता है। इस पर उसने कहा था, मैं यह सब अपनी पत्नी की ख़ुशी के लिए कर रहा हूँ, मैं अब उससे दूर चला जाना चाहता हूँ ताकि वह एक ख़ुशी की ज़िन्दगी जी सके। यही सच है, सर।"

अब होम मिनिस्टर रोहन ने कहा, "ओह, अब मुझे आपके शब्दों का सही अर्थ समझ में आ गया है मिस्टर डारा!" उसने वसुधा और आरव की ओर एक अर्थपूर्ण मुस्कराहट डाली। वसुधा मन-ही-मन संकुचित महसूस करने लगी, पर आरव पर इसका कोई प्रभाव न पड़ा। वह फिर कहने लगा, "हाँ! कुछ क्षण पूर्व तक मुझे लग रहा था कि मैं शायद किसी मामूली आदमी का इस्तेमाल अपने फ़ायदे के लिए कर रहा हूँ, पर यहाँ तुम अपने को महान साबित करने के लिए यह कर रहे हो।"

"यह सब आप इतनी आसानी से इसलिए कह रहे हैं कि आपकी सोच के पीछे राजनीति की और जनता की शक्ति है। मुझे आप लोगों की पूरी फ़ितरत मालूम है," आरव ने रोहन की ओर देखते हुए कहा।

गृहमन्त्री के चेहरे पर एक विशेष प्रकार की चमक आ गयी, जब वे कहने लगे, "बेटा, मैं तुमसे उम्र में काफ़ी बड़ा हूँ। कुछ सलाह मुझसे भी लो। मैं तुम्हारी आँखों में इश्क़ का जुनून देख रहा हूँ। यह इश्क़ बहुत ख़तरनाक होता है। इसने बड़े-बड़े सुल्तानों को भी नेस्तनाबूद कर दिया है। इन फ़िज़ूल की बातों को अपनी बर्बादी का कारण मत बनने दो। तुम्हारी कही सारी बातों को मैं भूल जाऊँगा। तुम्हारी बचकानी हरकतों को भी भूल जाऊँगा।" फिर वसुधा की ओर देखते हुए उसने कहा,

"और तुम भी अपने दीवाने प्रेमी में कुछ अक्ल पैदा करो। इसको समझाओ कि यह मेरे जैसे शक्तिशाली आदमी से न उलझे। मेरे पास भी हर तरह की लड़ाई के हथियार हैं।"

आरव उठ के खड़ा हो गया और पूरे आत्मविश्वास से बोला, "तो रोहन, अब तुम अपनी ज़िन्दगी की सबसे बड़ी लड़ाई के लिए खड़े हो जाओ। मैं आज तुमसे वादा करता हूँ कि इस इकरारनामे के बावजूद, मैं हरि को सही-सलामत बाहर ले आऊँगा। इसके लिए अगर सही रास्ते से काम हो गया तो ठीक है, नहीं तो मैं किसी ग़लत रास्ते को भी अख़्तियार करने में पीछे नहीं हटूँगा।"

फिर वह वसुधा के संग बाहर आ गया था। अपूर्वा भी उनके संग थी। अचानक वसुधा रुक गयी।

"क्या हुआ वसुधा?" आरव ने पूछा।

वह कहने लगी, "मैं सबको तकलीफ़ देने लगी हूँ। बेगुनाह होते हुए भी हरि मेरी ख़ुशी के लिए फाँसी पर चढ़ जाना चाहता है। और तुम ख़ुद दुनिया से लड़कर सब कुछ दाँव पर लगाने को तैयार हो। कैसे गिरने दूँ तुम्हें इस पतन के गर्त में।" वह रुक कर भावनाओं के बोझ से हाँफने लगी। आरव उसकी ओर देखने लगा था। वह फिर बोली, "और अब मैं हरि की लाश पर तुमसे शादी कैसे कर सकती हूँ?" वह ख़ामोश हो गयी। आरव उसकी बात सुनकर बेचैन हो गया। "नहीं कर सकती!" वसुधा ने सहसा तेज़ स्वर में कहा, "आरव तुमसे प्यार करती हूँ इसीलिए तुम्हें मुझे छोड़ना पड़ेगा। अब मैं ख़ुद तुम्हारी ज़िन्दगी से निकल जाना चाहती हूँ। अपनी जन्नत की चाहत में, मैं तुम्हें नर्क में नहीं धकेल सकती...कभी नहीं।"

आरव ने वसुधा के हाथ को पकड़ना चाहा। बड़ी कोमलता से वह अपना हाथ छुड़ा कर आगे बढ़ जाती है। आरव बहुत विचलित लग रहा था और एक आशंका से ग्रस्त भी। अपूर्वा दूर से सारी स्थिति को देख और समझ रही थी।

वसुधा को आरव को अपने ख़यालों से हटाना असम्भव-सा लग रहा था। रह-रहकर उसे अपने प्यार की याद आ रही थी। बार-बार वह याद कर रही थी कि उसने आरव को किस प्रकार अपनी भावनाओं को काबू में रखने की सलाह दी थी। बार-बार वह नोट निकाल लेती थी जिस पर आरव ने अपना नाम लिख दिया था। उसको देखते ही उसमें भावनाओं

का ज्वार उठ जाता था। उसे अच्छी तरह मालूम था कि अपनी उन मीठी यादों को मिटा देना असम्भव था। फिर अचानक उसने उस नोट को अपने दिल से लगा लिया। कुछ-समय तक वह एक ख़ामोश धड़कन को अपने भीतर महसूस करती रही। फिर उसने उसे अपनी आँखों के सामने कर लिया और बहुत देर तक वह उसको निहारती रही थी। फिर उसने अपने हाथ को खिड़की के बाहर किया और आहिस्ते से उस नोट को हवा में तैरा दिया। नोट तेज़ी से उड़ता हुआ उसकी नज़रों से ओझल हो गया। वसुधा की आँखों से आँसुओं की झड़ी लग गयी थी।

वसुधा को सहसा वह दृश्य याद आ गया। उसके हाथों में एक फ़ाइल थी। पाटिल हरि को ले कर वहाँ पहुँचा था। हरि लँगड़ा कर चल रहा था। उसके पाँव के घाव में पस पड़ गया था। वसुधा उसके दर्द को ख़ुद में महसूस कर रही थी। हरि उसके सामने आकर बैठ गया था। वह एंटीबायोटिक क्रीम की ट्यूब निकाल कर हरि को दे देती है।

"क्या इनके घाव पर मैं मलहम लगा सकती हूँ? इन्हें बहुत दर्द है।" वसुधा ने पाटिल से कहा।

"नहीं! मुझे किसी की हमदर्दी की ज़रूरत नहीं है," हरि ने कर्कश स्वर में कहा।

"इसे मुझे दे दो वसुधा। मैं बाद में इसे लगवा दूँगा।" पाटिल ने कहा।

"शुक्रिया पाटिल साहब," वसुधा ने दिल से कृतज्ञ हो कहा।

"नहीं, कोई बात नहीं। मैं इसका ख़याल रखूँगा।"

"लो इन्हें साइन करो, हरि।" वसुधा ने कुछ पेपर्स हरि की ओर बढ़ाते हुए कहा।

"क्या हैं ये?" हरि ने पूछा।

"तुम्हारे केस को लड़ने के लिए मैं घर बेच रही हूँ। तुम्हें बेगुनाह साबित करना ही होगा। मेरी ख़ुशियों से ज़्यादा ज़रूरी है तुम्हारी ज़िन्दगी। फादर पीटर दयाल के बारे में जो मुझे बताया था, वह पुलिस को भी बता दो।"

"क्या कह रही हो?" पाटिल ने पूछा।

इस पर हरि कहता है, "तुमसे झूठ बोला था। मैं ही असल में उन सबका क़ातिल हूँ।"

हरि ने उन सब पेपर्स को फाड़ दिया।

तब वसुधा पाटिल की ओर देखते हुए कहती है, "पाटिल साहब, मेरा पति बेगुनाह है। आप फादर पीटर दयाल को खोजें...कोशिश करें...मेरी मदद करें। हरि मुझसे नाराज़ है। वह इसीलिए मेरा साथ नहीं दे रहा है। पर आप तो कानून के रखवाले हैं।"

वसुधा के शब्दों ने पाटिल को बहुत प्रभावित किया। उसने वसुधा के प्रति गहरी सहानुभूति का अनुभव उन क्षणों में किया।

पुलिस स्टेशन से बाहर निकलते ही, वसुधा चौंक गयी थी। सामने कार में आरव बैठा नज़र आ रहा था। उसका हृदय व्यथित हो गया था अपने प्रेमी के बुझे हुए चेहरे को देखकर। किसी तरह वह अपने ध्यान को हटा कर वहाँ से चल दी थी।

"वसुधा।" आरव ने उसके पीछे आते हुए आवाज़ दी।

"क्या है?" उसने बग़ैर मुड़े हुए पूछा।

"मुझे अवॉइड क्यों कर रही हो? क्या किया है मैंने?"

"बस, यूँ ही!"

"मुझे तुमसे एक निर्णायक उत्तर चाहिए।"

"वह मैं नहीं दे सकती हूँ।"

"क्यों?"

"बस, कह दिया ना! आप मुझसे कुछ न पूछें।"

"पूछूँगा।"

"किसलिए?"

"मेरी ज़िद है।"

"तो फिर कह दूँ।"

"कह दो।"

"तुम्हें पीड़ा होगी।"

"मेरा इतना ख़याल मत करो।"

"ठीक है। बताती हूँ।"

"बताओ। तुम कुछ भी कह सकती हो।"

"मैं किसी भी रूप में तुम्हें अपमानित होते नहीं देख सकती हूँ।"

"कैसे होगा मेरा अपमान?"

"मेरा विगत जीवन अब सबको पता चल चुका है। लोग आपकोले कर भी क़िस्से-कहानियाँ बनायेंगे," वसुधा ने उसकी ओर कोमलता से देखते हुए कहा।

"मैं लोगों की परवाह नहीं करता। बहुत देख चुका हूँ मैं उनकी दयालुता।" आरव ने कड़वे स्वर में कहा।

"पर मैं करती हूँ," वसुधा ने कहा।

इसके पहले कि आरव कुछ कहता, उसका मोबाइल रिंग करने लगा।

"हैलो!" दूसरी ओर से आवाज़ आयी।

"कौन माँ! क्या बात है? ठीक है मैं आ रहा हूँ। चिन्ता मत करो।" फिर वसुधा की ओर देखते हुए कहने लगा, "ठीक है, तुमसे मैं इस मसले पर बात फिर करूँगा। अभी मुझे एक इमरजेन्सी में जाना पड़ रहा है।" कहते हुए आरव तेज़ी से कार चलाते हुए निकल गया।

वसुधा एकटक कार को जाते हुए देखती रही थी।

आरव अपनी माँ के पास पहुँच गया था। रोहिणी एकदम शान्त खड़ी थी प्रोसेनजीत के पास। डॉक्टर लाइफ सपोर्ट सिस्टम को अलग कर रहे थे उनके शरीर से। आरव देखते ही समझ गया कि प्रोसेनजीत अंकल अब संसार में नहीं रहे थे।

आरव को देखते ही रोहिणी ने कहा, "देख बेटा, आज तेरी माँ को छोड़कर चला गया है उसका हमसफ़र, उसका मजनूँ।"

फिर जैसे एक दुख का सैलाब फूट गया वहाँ। रोहिणी हिचकियाँ मार-मार कर रोने लगी थी।

उसके कन्धे पर हाथ रख कर, आरव ने भीगे हुए स्वर में कहा, "चुप हो जाओ माँ। तुम्हारे दुख से दुखी हो जायेंगे प्रोसेनजीत अंकल। हमें अब उनकी मीठी यादों को सहेज कर रखना होगा अपने दिल में।"

...वसुधा सबकी नज़रों से बचते हुए अपने बस्ती वाले पुराने मकान में पहुँच गयी थी। घर के दरवाज़े तक पहुँच जाने पर उसने एक लम्बी साँस ली। वहाँ कोई न था आसपास। वह सबकी नज़रों से बचना चाहती थी। तभी वहाँ पर चारों ओर प्रकाश फैल गया। अपने-अपने कैमरे लेकर पत्रकारों की भारी भीड़ वहाँ पहुँच गयी थी। उन्होंने उसके ऊपर प्रश्नों की बौछार शुरू कर दी थी।

कई प्रश्न निहायत व्यक्तिगत थे।

"क्या सच है कि आप आरव डारा की गर्लफ्रेंड हैं?"

वह चुपचाप देखती रही थी।

"कुछ कहिए मैडम। देश जानना चाहता है," कुछ पत्रकार समवेत स्वर में बोले।

चारों ओर से प्रश्नों की झड़ी लग रही थी। भीड़ में खड़े लोग हिंसक पशुओं की तरह उसे देख रहे थे। उन क्षणों में वसुधा ने अपने भीतर एक गहरी निराशा और कमज़ोरी का अनुभव किया था।

एक मोटे और भद्दे पत्रकार ने आँखें नचाते पूछा, "क्या आरव डारा आपके बच्चे का बाप है?"

"आपने अपने टेररिस्ट पति को कहाँ छुपा कर रखा था?" एक दूसरे ने पूछा।

फिर एक अन्य ने भी उससे पूछ लिया, "इस मोहल्ले के लोगों से आपका क्या कहना है? वे सब आपको यहाँ से निकाल देना चाहते हैं? क्या आप अपने अपराध को स्वीकार करेंगी?"

मोहल्ले के लोफ़र लड़के, अनिल और सैमसन मुस्कराते हुए उसकी उस हालत का मज़ा ले रहे थे। सहसा मीडिया के सामने आगे बढ़कर उन्होंने वसुधा के चेहरे पर कालिख पोत दी।

"हरामज़ादी, इस बस्ती को तूने बदनाम करके रख दिया। मुझे तो पहले से ही तेरे ऊपर शक़ था।" सैमसन ने ऊँचे स्वर में चिल्लाकर कहा।

"छिनाल, रण्डी, देख क्या गुल खिलाया है तूने यहाँ! दिखती तो ऐसे थी जैसे सावित्री की तरह सती हो," अनिल ने हाथ नचाकर कहा।

"हम सबकी इज़्ज़त मिट्टी में मिला दी इस कुतिया ने आज! अब हम सब को शर्मिन्दा करके क्या बोलेगी यह आज?"

सहसा एक लम्बी चीख मारते हुए वसुधा ज़मीन पर बैठ गयी और फफक-फफक कर अपनी बेबसी पर रोने लगी। वहाँ पर उपस्थित मीडिया बड़ी तत्परता से उस सारे काण्ड को अपने-अपने कैमरों में कैद करने लगा था।

उस प्रकरण को न्यूज़ चैनल में देख आरव बहुत बेचैन हो गया था, वसुधा के उस अपमान को देखकर। उस क्षण उसे याद आ गयी थी उस भयानक रात में हुई अपनी माँ की बेइज़्ज़ती।

"अपूर्वा, हमें वापस मुम्बई जाना होगा। अभी इसी समय तैयारी करो," आरव ने अपूर्वा से कहा।

"क्या हमें चौथा पूरा होने तक यहाँ नहीं रुकना चाहिए?" अपूर्वा ने पूछा।

"हम यहाँ नहीं रुक सकते अब किसी भी हाल में," आरव ने कहा।

रोहिणी ने भी वह सब कुछ जो वसुधा के संग घट रहा था देख लिया था।

उसकी आँखों में एक विशेष चमक आ गयी थी, जब वह अपने बेटे से कहने लगी, "आरव, यह उस आदमी की मृत्यु पर सबसे बड़ी श्रद्धांजलि होगी कि तुम अभी और इसी समय वसुधा के पास पहुँच जाओ। बेटे, आज उसे तुम्हारी बहुत ज़रूरत है। याद है तुम्हें, कैसे तुम्हारे प्रोसेनजीत अंकल हमेशा तुम्हारी माँ के साथ खड़े रहते थे।"

...आरव वहाँ पहुँच गया था। फिर वह अनिल और सैमसन जो एक कमरे में साथ-साथ रहते थे, के पास अपने सिक्योरिटी स्टाफ के संग पहुँच गया था। दोनों नशे में बेसुध पड़े थे।

दरवाज़े पर दस्तक सुन, अनिल ने ज़ोर से पूछा, "कौन है बे, जो इस तरह हमारा दरवाज़ा पीट रहा है?"

एक ख़ामोशी छायी रही। फिर कुछ समय बाद दरवाज़े को किसी ने खटखटाया।

"कौन कर रहा है इस समय परेशान एक गन्दी गाली के संग," सैमसन ने दरवाज़ा खोल दिया था।

आरव का सारा शरीर ग़ुस्से से काँप रहा था।

"कौन हो तुम? क्या चाहते हो?" अनिल ने पूछा।

आरव ने कड़वे स्वर में कहा, "मैं तुमसे मिलने आया हूँ। तुम्हारा कर्ज़ चुकाने।"

"हमारा कर्ज़ चुकाने?" सैमसन ने पूछा।

कर्ज चुकाना है।

"हाँ, कर्ज़ तो चुकाना ही होगा," आरव ने गम्भीर स्वर में सैमसन को घूरते हुए कहा।

"कितना क़र्ज़ लेना है मुझे?" सैमसन ने पूछा।

"इतना!" कहकर आरव ने सैमसन को गरदन से पकड़ लिया था।
"यह क्या कर रहे हो?" —आरव का हाथ झटककर सैमसन ने अपनी

जेब से पिस्तौल निकाल लिया था। इसी समय तेज़ी से आगे बढ़कर आरव के बॉडीगार्ड ने सैमसन और अनिल को धक्का मारकर ज़मीन पर गिरा दिया। और इनको पीटना शुरू कर दिया था। वे दोनों चिल्लाने लगे। यद्यपि लोगों ने अपने दरवाज़ों को डरकर झटपट बन्द कर लिया था, फिर भी इन गुण्डों के इस तरह पिटने से ख़ुश हो रहे थे।

किसी ने उस दौरान पुलिस को फ़ोन कर दिया था। पुलिस सबको पकड़ कर थाने ले चली थी। अनिल और सैनसन को थाने ले जाना पड़ा था।

वह इलाका पाटिल का था तो वह भी थाने पहुँच गया था। अपूर्वा और रॉबिन साल्वे भी वहाँ पर पहुँच गये थे। आरव को ज़मानत पर छोड़ दिया गया था।

''सर, आप बहुत लकी हैं,'' पाटिल ने आरव से कहा।

''कैसे?'' उसने जिज्ञासा से पूछा।

''उस गुण्डे ने पिस्तौल निकाल ली थी इसी वजह से।''

''मैं समझा नहीं, पाटिल।''

''आपने आवेश में आकर बड़ी ग़ैर-क़ानूनी हरक़त की थी। मीडिया इसे उछाल नहीं पाया। वो इसे कोई और रूप दे देते,'' पाटिल ने कहा।

''मुझे समझ में नहीं आ रहा है।''

इस पर पाटिल ने कहा, ''वे इसे चटपटे रूप में पेश करते हुए इसे अमीर और दीवाने प्रेमी द्वारा ग़रीबों पर किया गया आवेशपूर्ण हमला मानते; कहते कि उस प्रेमी ने अपनी प्रेमिका के अपमान का बदला लिया।''

''ओह, मेरे दिमाग़ में तो यह बात आयी ही नहीं थी,'' आरव ने कहा।

''पर मैंने मीडिया को कह दिया कि यह आत्मरक्षा के लिए उठाया गया एक क़दम था। इसके अतिरिक्त और कुछ नहीं।''

इस पर कृतज्ञता व्यक्त करते हुए आरव ने पाटिल से कहा, ''पाटिल, आज आरव डारा तुम्हारा कर्ज़दार हो गया है। समय आने पर वह अपने इस कर्ज़ के बोझ को ज़रूर उतारेगा।''

''आपका बहुत-बहुत धन्यवाद, सर।'' पाटिल ने कहा और फिर बोला, ''यह काम मैंने आपके प्रति सम्मान की वजह से किया है। आपके और वसुधा के बीच जो सम्बन्ध है, उसकी गहराई को मैं समझ गया हूँ अब।''

''पाटिल, तुम बहुत अच्छे इनसान हो। मैं इसे समझ गया हूँ,'' आरव ने प्रशंसापूर्ण स्वर में कहा।

इस पर पाटिल ने कहा, ''सर अब मैं बदल चुका हूँ। मुझे ऊपर से निर्देश मिला है कि मैं आपके केस को बड़ा बना दूँ। पर मैं अब ऐसा नहीं कर सकता। मैंने अब तय कर लिया है कि कुछ भी हो, अब मैं नेताओं के इशारे पर नहीं नाचूँगा।'' यह कह वह कुछ पलों के लिए चुप हो गया। फिर वह कहने लगा, ''सच तो यह है कि पूरी क़ायनात भी दो सच्चे प्यार करने वालों की मदद करती है।'' पाटिल एक बार फिर कुछ समय के लिए ख़ामोश हो कर कुछ सोचने लगा था। आरव उसकी ओर एकटक देख रहा था। ''सर, क्या आपने स्कोर्चड अर्थ पालिसी के बारे में सुना है?'' उसने सहसा आरव से पूछ लिया।

''नहीं, क्या होती है यह, पाटिल?''

''इसमें हारने वाला देश, अपनी फ़सल और अन्य साधनों को नष्ट कर देता है जिससे कि वे सब जीतने वाले के किसी काम ना आ सकें। द्वितीय महायुद्ध में रूसी फ़ौज ने जर्मन फ़ौज के संग यही किया था।''

''कैसा ख़तरनाक सिद्धान्त है यह पाटिल,'' आरव ने कहा। ''वाकई में लड़ाई क्या नहीं करवा देती है हमसे। सिर्फ़ समझने की बात है,'' उसने पाटिल से कहा।

इस पर पाटिल कहने लगा, ''हरि ने भी इसी प्रकार का काम किया था।''

''वह कैसे?''

''उसने उसे बचाने के वसुधा के प्रस्ताव को पूरी तरह ख़ारिज कर दिया था, जानते हैं क्यों?''

''नहीं?''

...पाटिल को याद आ गया अपने और हरि के बीच होने वाला सारा वार्तालाप...

''हरि, तुम यह सब क्यों कर रहे हो? वसुधा तुम्हें बचाना चाहती है और तुम ख़ुद अपने ख़िलाफ़ काम कर रहे हो। क्यों कर रहे हो तुम ऐसा?''

तब हरि ने कहा, ''वह मेरी बीवी है और अगर वह मेरी नहीं हो सकती है तो मैं किसी भी क़ीमत पर उसे किसी और की नहीं होने दूँगा। उस अरबपति ऐयाश की तो किसी भी तरह नहीं। मेरे गले में अगर फाँसी का फन्दा पड़ गया तो वह सारी उम्र किसी के साथ नहीं रह सकती। उसके संस्कार बहुत गहरे हैं। वे उसके पाँवों में बेड़ियाँ बन जायेंगे।''

...पाटिल वर्तमान में लौट आया।

"अब, हम क्या कर सकते हैं पाटिल साहब?" रॉबिन ने पूछा।

आपने ख़यालों में डूबा, पाटिल कहता चला गया, "वह वसुधा की नज़र में अपने इस कार्य को एक बलिदान के रूप में प्रस्तुत करना चाहता है। एक बात और है?" सब पाटिल की ओर देखने लगे थे। पाटिल ने कहा, "हरि को बेगुनाह साबित किया जा सकता है।"

"वह कैसे?" आरव ने पूछा।

"वसुधा ने मुझे फादर पीटर दयाल के बारे में सूचना दी थी। यदि वह हरि के हक़ में बयान दे दें, तो सारा केस ख़त्म होने में कोई समय नहीं लगेगा।" फिर रॉबिन की ओर देखते हुए कहने लगा, "यह काम आपको जल्दी से जल्दी करना पड़ेगा, क्योंकि हम दो दिनों बाद कार्यवाही शुरू कर हरि के लिए फाँसी की माँग करेंगे।"

...बाद में अकेले में अपूर्वा ने आरव से कहा, "किस तरह बदला लेना चाहता है यह हरि, आरव!"

इस पर बड़े दार्शनिक लहज़े में आरव ने कहा, "अपूर्वा, जो कुछ भी यह हरि कर रहा है, यही है इनसानी फ़ितरत। यदि मैं उसकी जगह होता, तो शायद, मैं भी यही करता। मैं किसी भी हाल में उसे कामयाब नहीं होने दूँगा। अपूर्वा मेरी भी फ़ितरत है कि मैं क़भी भी हार नहीं मानता हूँ।"

"मुझे मालूम है कि तुम कितने ज़िद्दी हो," अपूर्वा ने मुस्कराकर कहा।

इस पर आरव ने शान्त और दृढ़ स्वर में कहा, "मेरे सारे कार्यक्रमों को कैंसल कर दो।"

"ऐसा क्यों?"

आरव ने रॉबिन की ओर देखते हुए कहा, "तुम्हें हरि को बचाना है, उसके लिए लड़ना है। मैं वकालतनामे पर वसुधा के हस्ताक्षर ला के देता हूँ आपको।" फिर वह अपूर्वा की ओर देखते हुए बोला, "और तुम मेरा बस्तर जाने का प्रबन्ध करो, अपूर्वा।"

"वहाँ क्यों जाना चाहते हो तुम?" अपूर्वा ने पूछा।

"मुझे फादर पीटर दयाल की गवाही चाहिए," आरव ने कहा।

"मैं तुम्हें उस भयानक जंगल में नहीं जाने दूँगी अपनी जान को जोखिम में डालने के लिए।"

"मैं जाऊँगा वहाँ," आरव ने कहा।

तब अपूर्वा बोली, "किसी और को भेज दो वहाँ फादर पीटर की खोज में।"

आरव ने कहा, "क्यों भूल रही हो तुम पाटिल की सलाह को अपूर्वा? किसी को पता नहीं चलना चाहिए इसके बारे में। किसी का साथ नहीं चाहिए मुझे! अपने प्यार के लिए मैं किसी और की जान को ख़तरे में नहीं डाल सकता।"

अपूर्वा को आरव की बात पर ग़ुस्सा आ गया। उसने अपने बैग से स्विस नाईफ निकाला और कहने लगी, "पहले तुम जम कर शराब पी लो और फिर बाथटब में घुस कर अपनी कलाई की नसों को काट कर ख़ामोश हो लेटे रहो और इस दुनिया को अलविदा कह दो।" आरव उसकी ओर जब देखने लगा तो वह फिर कहने लगी, "क्या ज़रूरत है कहीं और जा कर मरने की?" आरव हैरान रह गया था उसकी बातें सुन कर। "और यह देखो यह क्या है?" अपूर्वा के हाथों में एक अख़बार था।

"क्या है इसमें?"

"खुद पढ़ लो।"

"नहीं तुम बताओ, अपूर्वा।"

उसकी आँखें ग़ुस्से से दहक रही थीं। वह बोली, "इसमें लिखा है कि हमारी कम्पनी के शेयर बड़ी तेज़ी से नीचे गिर रहे हैं। तुम उस क्रिमिनल का साथ इसलिए दे रहे हो कि तुम उसकी बीवी से प्यार करते हो और शायद उसका बच्चा भी तुम्हारी नाजायज़ औलाद है।"

"अपूर्वा!"

"अब क्या कहना है?"

"इस घटिया अख़बार पर 200 करोड़ का मानहानि का दावा ठोंक दो। मैं अब इसे बन्द देखना चाहता हूँ।"

"क्या हो गया तुम्हें आजकल आरव?"

"क्यों, क्या हो गया मुझे?"

"किस-किस से लड़ोगे तुम?"

"क्या मतलब है तुम्हारा?"

अपूर्वा ने कहा, "किस-किस से लड़ोगे तुम मिनिस्टर से, गुण्डों से, मीडिया से, या फिर मुझसे।" फिर कुछ क्षणों की ख़ामोशी के बाद वह बोली, "कम से कम मैं तुमसे इतना प्यार तो करती ही हूँ कि तुम्हें इस तरह मरते नहीं देख सकती। तुम उस पिस्तौल की गोली से मर सकते थे।

क्यों तुम बारूदी सुरंगों पर चलना चाहते हो? सिर्फ़ उस लड़की के लिए।" वह रुक गयी और कुछ सोचने लगी। आरव उसके चेहरे को ध्यान से देखने लगा और वह फिर कहने लगी, "और यह क्यों भूलते हो आरव, अगर हरि जेल से छूट भी गया तो भी वह लड़की तुम्हें नहीं मिलेगी।"

आरव का स्वर भीगा हुआ था जब उसने कहा, "अपूर्वा, जो कुछ भी अभी तुमने कहा है वह दुनियावी दृष्टि से बिल्कुल ठीक है। इस दुनिया में लेन-देन ही सब कुछ है। पर इसके परे भी कुछ है। मैं इस हिसाब-किताब को नहीं मानता। यह प्यार भी बड़ी अजीब चीज़ है। जब तुम किसी से प्यार करते हो तो यह मायने नहीं रखता कि वह भी तुमसे उतना ही प्यार करता है या नहीं। सच तो यह है कि प्यार का सबसे बडा दुश्मन लेन-देन है।"

"क्यों कह रहे मुझसे यह सब तुम, आरव?"

"तुम यह समझ लो कि मैं भी वसुधा से ऐसा ही प्यार करता हूँ। सिर्फ़ देना चाहता हूँ मैं, जो कुछ भी मेरे पास है, सब कुछ। अब चलो और मेरे सफ़र का इन्तज़ाम करो।"

अपूर्वा की आँखों में आँसू भर आये।

वह रुँधे कण्ठ से बोली, "ठीक है। मैं सारा इन्तज़ाम करती हूँ। पर मेरी भी एक शर्त है।"

"तुम्हारी भी शर्त है? कहो, क्या है। मैं तुम्हारी हर शर्त पूरी करूँगा।"

"फिर मुकर मत जाना।"

"नहीं मुकरूँगा। कहो तो।"

"मैं भी तुम्हारे संग चलूँगी।"

"जान का ख़तरा है।"

"मैं जानती हूँ।"

"डर नहीं लगता।"

"नहीं लगता।"

आरव हँस कर बोला, "कहना नहीं चाहती हो।"

"जो समझो। पर जो मैं कहना चाहती हूँ वह तुम नहीं समझे।"

"ठीक है तुम्हीं समझा दो।"

"प्यार में सब कुछ लुटा देने का हक़ सिर्फ़ तुम्हीं को नहीं है।"

"अपूर्वा, मुझे अब सब कुछ समझ में आ गया है।"

आरव ने उसे अपनी बाँहों में भरकर उसके माथे को चूम लिया।

आरव वकालतनामा ले कर वसुधा के हस्ताक्षर लेने पहुँच गया था। वसुधा उसे भगवान के सामने रख देती है। उसने उसमें हस्ताक्षर कर दिये। मैडी यह सब देख रही थी और मन ही मन वसुधा की सफलता की कामना कर रही थी।

आरव भी वहाँ अपूर्वा के संग मौजूद था। अपूर्वा ने उन क्षणों में आरव की आँखों में एक गहरी चमक देखी। उसने अपने हृदय में एक गुप्त ईर्ष्या और पीड़ा का अनुभव किया।

"तुम मुझसे कुछ कहना चाहती हो वसुधा?" आरव ने पूछा।

"धन्यवाद।"

"किस बात का?"

"जो कुछ भी तुम मेरे लिए कर रहे हो।"

"कुछ नहीं कर रहा हूँ।"

"मैं ऐसा कैसे कह सकती हूँ?"

"कह सकती हो।"

"कैसे?"

"तुम्हें मालूम नहीं तुमने मुझे क्या दिया है और मेरे लिए क्या किया है।"

"मैं किसी के लिए क्या कर सकती हूँ और किसे क्या दे सकती हूँ?"

इस पर आरव के नेत्र सजल हो गये और वह कुछ घुटे हुए स्वर में बोला, "वसुधा, तुमसे मिलने के बाद ही मुझे समझ में आया कि जीवन कितनी मूल्यवान चीज़ है और इसे गँवाना कितना बड़ा अपराध है। बचपन की ग़रीबी और अपमान ने मुझे भटका दिया था। मैंने धन को ही सब कुछ मान लिया। मेरे भीतर उबलने वाले लावे के दरिया को मैंने पैसे की चादर से ढकना चाहा। पर नाकामयाब रहा। भीतर-ही-भीतर मैं खोखला हो गया था। मेरे पास पते थे पर घर नहीं था। अपने दिल में पनाह देकर तुमने मुझ जैसे बेघर को आश्रय दिया। मेरे बिखरे हुए खण्डित व्यक्तित्व को तुमने समेट कर मेरे वजूद को बचा लिया।"

वसुधा ने अपने भीतर एक गहरे प्यार का अहसास किया। आरव की दरियादिली ने उसका हौसला कई गुना बढ़ा दिया। दोनों उस समय एक-दूसरे के दिल की गहराइयों में उतर चुके थे। उनका प्रेम एक विराटता ले चुका था और अब सहस्रों धाराओं में उछाल ले कर बहने को आतुर था।

वसुधा और आरव का प्रेम अब सबके सामने आ चुका था। जब दोनों एक-दूसरे से अलग रहते तो उनका मन किसी काम में नहीं लगता था। ख़ासकर वसुधा अपने भीतर एक गहरे खालीपन का अनुभव करती थी।

अपूर्वा को आरव और वसुधा के बीच की बढ़ती हुई ये निकटता ज़रा भी अच्छी नहीं लगती थी। पर इसके पीछे महज़ ईर्ष्या नहीं थी। शायद कुछ और ही था इसके पीछे का कारण। वह एक पेशेवर बिज़नेस महिला थी। आरव की कामयाबी में उसका बहुत बड़ा योगदान था। आरव भी उसे अपना दोस्त मान कर बहुत सम्मान की दृष्टि से देखता था। न जाने क्यों भीतर ही भीतर आरव और वसुधा के सम्बन्ध को ले कर वह एक अज्ञात भय से ग्रस्त होने लगी थी।

इसके ठीक विपरीत मैडी को वसुधा और आरव के प्रेम में आसमान की ऊँचाई दिखाई पड़ती थी। उसे इससे बहुत ख़ुशी मिलती थी। अक्सर वह वसुधा से मज़ाक़ करने से भी नहीं चूकती थी।

''वसुधा, अब तुम्हारे संग मेरी दोस्ती ज़्यादा दिन नहीं चलने वाली है,'' मैडी ने कहा।

''क्यों ऐसा क्या किया मैंने तुम्हारे संग मेरी प्यारी सहेली?''

''तुम नहीं समझ सकतीं।''

''बताओगी तो समझ लूँगी।''

''अब तो सारा मामला बदल गया है,'' मैडी शरारत भरी मुस्कराहट के संग बोली।

''मैं नहीं समझी। ज़रा स्पष्ट करो।''

''तुम जानबूझ कर ऐसा दिखा रही हो जैसे तुम्हें कुछ भी समझ में नहीं आ रहा है,'' मैडी ने कहा।

''तेरी कसम मैडी! मैं नहीं समझी कुछ भी।''

''ठीक है, मैं ही बता देती हूँ।''

''मुझे तुमसे यही उम्मीद है।''

''अच्छा यह बताओ इस होटल के मालिक हमारे क्या हैं?''

''यह भी कोई प्रश्न है?''

''फिर भी बताओ।''

''हमारे सर हैं।''

''बिल्कुल ठीक।''

“यह क्या बात है?” वसुधा ने पूछा।

“यही असली बात है,” मैडी ने कहा।

“कैसे? लगातार पहेली बुझा रही हो।”

“कोई पहेली नहीं है, सिर्फ़ तुम नहीं समझ रही हो।”

“चलो मैंने हार मानी। अब तुम बताओ।”

“वसुधा,” मैडी ने कहा, “जब तुम आरव सर की हमसफ़र बन जाओगी तो मैं तुम्हें कैसे तुम्हारे नाम से पुकारूँगी?”

वसुधा एकदम गम्भीर हो गयी थी तब। “यह सब आसान नहीं होगा मेरे लिए मैडी।”

मैडी ने बहुत गर्मजोशी से वसुधा का हाथ पकड़कर तब कहा, “वसुधा, जो मैं आज कह रही हूँ, देखना वही सच साबित होगा। अब तुम्हारी ज़िन्दगी की अँधेरी रातें रौशनी से भर जायेंगी।”

वसुधा मैडी के संग लिपट गयी थी तब।

अपूर्वा के कितना ही मना करने के बावजूद आरव ने बस्तर पहुँचकर फादर पीटर दयाल की खोज करने की ठान ली थी। पाटिल ने बात ही बात में आरव को उस जगह के ख़तरे के बारे में भी बता दिया था। उसने यह आशंका भी ज़ाहिर कर दी थी कि वह किसी हद तक जानलेवा भी हो सकता था। पर वह अपूर्वा को वहाँ ले जाकर उसकी ज़िन्दगी को दाँव पर नहीं लगाना चाहता था। पर वह भी एक बहुत साहसी और दृढ़ निश्चयी महिला थी। वह किसी तर्क को सुनने को तैयार नहीं थी। हार कर आरव को उसे अपने संग ले जाना पड़ा था। अपूर्वा ज़रा भी भयभीत नहीं हुई थी।

बस्तर पहुँचकर जब दोनों उस घने जंगल की ओर बढ़ चले तो दोनों के चेहरे पर एक मुस्कान थी। रास्ते में उनके लोकल गाइड ने भी उन्हें सावधान रहने की हिदायत दे कर कहा था कि वह पूरी कोशिश करेगा कि वे दोनों हर प्रकार के ख़तरे से बचे रहें।

गाइड को भी पूरा आइडिया नहीं था कि फादर पीटर कहाँ मिल सकते थे। जंगल में छायी ख़ामोशी बहुत डरावनी थी। बीच-बीच में उन लोगों को कुछ आदिवासी भी दिख जाते थे। उनका ड्राइवर और गाइड एक ही व्यक्ति था। वह भी एक आदिवासी था और उसी जगह से था।

किसी व्यक्ति के दिखने पर वह उनसे फादर पीटर के बारे में पूछता। उसकी मेहनत रंग लायी। वह उनको ले कर फादर पीटर के आश्रम में पहुँच ही गया।

फादर पीटर उस समय कुछ आदिवासी बच्चों को अंग्रेज़ी पढ़ा रहे थे। आरव और अपूर्वा को देखकर वे चौंक उठे थे। उन दोनों ने फादर पीटर का अभिवादन किया। उन्होंने भी उनके अभिवादन का उत्तर गर्मजोशी से दिया और फिर उनकी ओर प्रश्नात्मक दृष्टि से देखने लगे थे। उन दोनों के पास हरि का फ़ोटो भी था।

''इसे पहचानते हैं आप फादर?'' आरव ने हरि का फ़ोटो फादर पीटर को दिखाते हुए पूछा।

वे ग़ौर से उस फ़ोटो को देखने के पश्चात् बोले, ''अरे, यह तो हरि है! यह एक बार मेरे यहाँ आ कर रुका भी था। आपके पास यह फ़ोटो कैसे आया? कैसे जानते हैं आप इसे?''

इस पर अपूर्वा ने कहा, ''अब यह जेल में बन्द है?''

''जेल में बन्द है। क्यों?''

''इसने कुछ अमेरिकी पत्रकारों की हत्या कर दी थी। पुलिस का मानना है कि यह एक खूँखार आतंकवादी है!'' आरव ने फादर से कहा।

इस पर फादर पीटर बोल पड़े, ''मुझे तो यह बात ग़लत लगती है।''

''आपको यह बात क्यों ग़लत लगती है, फादर?'' अपूर्वा ने पूछा।

फादर पीटर दयाल का चेहरा एकदम गम्भीर हो गया, जब वे कहने लगे, ''अरे, ये कहाँ का आतंकवादी हो गया। इसको तो ख़ुद उन्होंने पकड लिया था मेरे यहाँ से धोखा देने के अपराध में। फिर उन्होनें मेरा एक पाँव काट लिया।'' आरव और वसुधा उनकी ओर देखने लगे। ''यह देखो।'' कहकर उन्होंने अपनी पैण्ट के दाहिने हिस्से को उठा कर दिखाया।

उनका एक पाँव कृत्रिम था। घुटने के नीचे से।

''फादर क्या कहते हैं आप हरि के बारे में?''

इस पर बिना सोचे फादर पीटर ने कहा, ''मेरी नज़र में वह बेगुनाह है।''

''क्या आप इसे कैमरे के सामने कह सकते हैं फादर?'' अपूर्वा ने पूछा।

''कह सकता हूँ! मैं हमेशा सच का साथ देता हूँ। हमारा धर्म भी हमें यही सिखाता है,'' फादर पीटर दयाल ने दृढ़ स्वर में कहा। उनका चेहरा चमक रहा था।

"आइए फादर, आपने जो कुछ देखा है, आप जो कुछ हरि के बारे में जानते हैं, कैमरे के सामने कह दें।" आरव ने कहा।

अपूर्वा और आरव उनके कथन को कैमरे में रिकॉर्ड करने लगते हैं। वह सारी चीज़ें रॉबिन साल्वे के पास पहुँच जाती हैं।

रॉबिन ने तुरन्त फ़ोन कर आरव से कहा, "तुम्हारे यहाँ पहुँचने के पहले हरि की रिहाई हो जायेगी। ये मेरा तुमसे वादा है, आरव।"

इस पर आरव ने कहा, "इससे मुझे बहुत ख़ुशी मिलेगी, रॉबिन।"

"ठीक है, फिर तुम दोनों जल्दी से जल्दी वापस आ जाओ। हम इसे साथ-साथ सेलीब्रेट करेंगे।"

रास्ते में आरव से अपूर्वा ने कहा, "अपूर्वा, तुम्हारा चेहरा ख़ुशी से चमक रहा है।"

"तुम्हें बुरा नहीं लग रहा है?"

"बिल्कुल नहीं। क्यों शक़ कर रहे हो। तुम्हे ख़ुश देख कर मैं भी ख़ुश होती हूँ," अपूर्वा ने गम्भीर स्वर में कहा।

अचानक आरव बोल पड़ा, "अपूर्वा, मैं तुम्हें अपना सबसे करीबी दोस्त मानता हूँ। तुमसे कुछ भी नहीं छुपा सकता!"

"मुझे मालूम है आरव। यह सब बताने की ज़रूरत नहीं है।" फिर वह कुछ क्षण ख़ामोश रही। फिर वह कुछ सोचते हुए कहने लगी, "तुम्हें मालूम है कि तुम यहाँ तक क्यों पहुँचे हो?"

"तुम बताओ।"

"तुम दिल की बात सुनते हो। बचपन में भी तो हम खेलते समय साफ़-सुथरी राहों को छोड़कर कच्ची राहों पर ही चलना पसन्द करते थे। सच तो यह है कि हमेशा कठिन राहों को चुन कर ही तुमने कामयाबी हासिल की है। आज भी तुम इसी कारण सफल रहे हो।"

"ड्राइवर, गाड़ी को रोक दो," अचानक आरव ने चिल्ला कर कहा।

"क्या हुआ?" अपूर्वा ने पूछा।

डूबते सूरज की रोशनी में फूलों से भरा एक छोटा-सा नज़ारा उनके सामने था। आरव गाड़ी से उतरकर उस ओर दौड़ चला था।

"साहब उधर न जायें, वहाँ बारूदी सुरंगें हो सकती हैं," ड्राइवर ने चिन्तित स्वर में कहा।

"रुक जाओ," अपूर्वा भी बोली।

पर तब तक आरव वहाँ पहुँच चुका था।

उन फूलों की ख़ुशबू वहाँ चारों ओर फैल रही थी। उनकी ख़ूबसूरती किसी को भी अपनी ओर खींच सकती थी। उनको देख कर आरव को वसुधा का चेहरा अपने सामने दिखने लगा। वह यह सोच कर मुस्कराने लगा कि वह उसकी कोशिशों के बारे में सोच कर कितनी ख़ुश होगी।

वह फिर फूलों के बीचोंबीच खड़ा था। उसको इतना ख़ुश देखकर अपूर्वा भी बहुत ख़ुश हो गयी थी। वह भी चुपचाप आरव को निहार रही थी। सारे दृश्य की मादकता उस पर भी छा गयी थी। वह भी अपने ख़यालों में खो गयी थी। उसे मन ही मन यह सोचकर दुख भी हो रहा था कि आरव अब कुछ समय बाद उसके लिए पराया हो जायेगा। मन ही मन उसने भी सोच लिया था कि वह वसुधा और आरव की ज़िन्दगी से दूर जाकर अपने को गुमनामी के अँधेरे में छुपा लेगी।

वह अपने ख़यालों से बाहर आ गयी थी। उसने देखा कि अब आरव का चेहरा उसकी ओर था और वह उसमें दिखने वाली बेपनाह ख़ुशी को महसूस भी कर सकती थी। अपूर्वा ने देखा कि आरव एक लाल रंग के फूल को तोड़ने के लिए अपना हाथ बढ़ाता है पर फिर उसे पीछे खींच लेता है। फिर वह कार की ओर वापस चल पड़ता है।

"साहब, सँभल कर धीरे-धीरे आइए। इस जगह पर बहुत ख़तरा है," ड्राइवर एक बार फिर आरव को अपनी ओर से सावधान करता है।

"अब ज़्यादा देर मत करो, आरव," अपूर्वा भी बेचैनी से कहती है।

"मैं ठीक हूँ और अब घर वापस भी पहुँचना चाहता हूँ।" आरव ने हँसते हुए कहा और फिर उनकी ओर तेज़ क़दमों से चलने लगा।

...तभी एक ज़ोर का धमाका होता है। अपूर्वा और ड्राइवर दोनों चीख़ पड़ते हैं। उनको लगा जैसे कि उनके कान के पर्दे फट गये हों। उस धमाके के संग अपूर्वा ने आरव को हवा में उड़ते और बिखरते देखा। उसने देखा कि उड़ते हुए कार के पास एक टाँग गिरती है। उसे देखकर अपूर्वा को ज़ोर का सदमा पहुँचता है। कुछ क्षणों के लिए वह अपनी चेतना खो देती है। वह विस्फारित नेत्रों से सब कुछ देखने लगती है। उन लाल फूलों की लाली आरव के ख़ून से और सुर्ख़ हो गयी थी।

मन्दिर के घण्टे की आवाज़ से वसुधा जाग गयी थी। न जाने क्यों उसे अपने आप में एक अजीब-सी बेचैनी का अनुभव होता है।

"तुम्हारी प्रार्थना भगवान ने सुन ली है, वसुधा," पाटिल कहता है। वह हैरानी से उसकी ओर देखने लगती है। "माफ़ करना बाहर का दरवाज़ा खुला हुआ था," वह कहता है।

"आप मुझे बधाई किस बात की दे रहे हैं, सर?" उसने पूछा।

"तुम्हें नहीं मालूम कि हरि को अदालत ने बेगुनाह मान लिया है।"

"सच!"

"यह सच है।"

"मैं एक हफ़्ते से चुपचाप घर में पड़ी हुई हूँ। बाहर ही नहीं निकली! ना ही, मैंने टेलीविज़न देखा है। कब और कैसे यह सब हुआ है?"

"यह सब आरव सर का कमाल है। वे तुम्हें बेपनाह मोहब्बत करते हैं।" कुछ सोचने के बाद वह कहने लगा, "वसुधा, तुम मेरी बेटी की तरह हो। यह कभी मत समझ लेना कि पुलिसवालों के दिल नहीं होता है। तुम दोनों की सच्चाई ने मेरे भीतर तुम दोनों के लिए बहुत प्यार पैदा कर दिया है। मैं अब तुम दोनों को बहुत ख़ुश देखना चाहता हूँ।" वसुधा की आँखों में आँसू भर आये थे। वह उठी और उसने लपककर पाटिल के पाँव छू लिये। पाटिल ने भी बड़े स्नेह से उसके सिर पर अपना हाथ फेर दिया।

"सदा सुहागन रहो बेटी!" उसने धीमे स्वर में कहा। वसुधा जब भावपूर्ण दृष्टि से उसकी ओर देखने लगी, तो उसने कहा, "जब कभी तुम्हें मेरी ज़रूरत पड़े तो तुम बिना किसी संकोच के मेरे पास आ जाना।"

फिर पाटिल वहाँ से चला गया।

इस ख़ुशी की ख़बर को सुनाने के लिए वसुधा होटल पहुँच गयी थी। उसके हाथ में मिठाई का डिब्बा भी था। वहाँ एक अजीब-सा सन्नाटा छाया हुआ था। तभी उसे मैडी दिखाई दी।

"मैडी, तुमने सुना हरि को अदालत ने रिहा कर दिया है," उसने मिठाई का डिब्बा उसकी ओर बढ़ाते हुए कहा। मैडी ने न तो मिठाई उठायी और न ही उसे बधाई दी। इस पर वसुधा ने कहा, "तुम ख़ुश नहीं हो, चलो ठीक है मैं तुमसे फिर मिलती हूँ। पहले मैं आरव सर का मुँह मीठा करके आती हूँ।"

"अब आरव सर कभी भी तुम्हारी मिठाई नहीं खायेंगे वसुधा," पीछे से आते हुए अपूर्वा ने कहा।

वसुधा ने घूम कर देखा तो अपूर्वा को अपने सामने खड़ा पाया। उसकी आँखें आँसुओं से लबालब भरी हुई थीं। तभी वसुधा की नज़र सामने की दीवार पर पड़ती है। वहाँ पर आरव का बड़ा-सा फ़ोटो लगा था और उस पर माला भी पड़ी थी। वह सब कुछ समझ गयी।

"क्या हुआ?" उसने रुँधे स्वर में पूछा।

"वे बस्तर में बारूदी सुरंग के शिकार हो गये," मैडी ने दुःखी स्वर में कहा।

मिठाई का डिब्बा कब का उसके हाथ से गिर चुका था। उसे लगा जैसे सब कुछ उसके सामने बिखर रहा हो।

"आरव!" वह ज़ोर से चीख़ पड़ी और फिर बेहोश हो फ़र्श पर गिर पड़ी।

जिस समय हरि को रिहा किया गया, पाटिल भी वहाँ मौजूद था। जेल में क़ैदियों के लिए लगे टेलीविज़न पर आरव की मौत की ख़बर का पता हरि को भी चल चुका था और वह बहुत ख़ुश हुआ था इससे। पाटिल ख़ामोश हो यह सब देख रहा था।

"साला, मेरे सात जन्मों के बन्धन को तोड़ने चला था। देखा कुदरत का कमाल। इसका अर्थ है कि भगवान है इस दुनिया में," उसने मुस्कराते हुए पाटिल से कहा।

पाटिल ने घृणा से भरे स्वर में कहा, "भगवान है ही नहीं इस संसार में। अगर होता तो आज तेरे जैसा जानवर रिहा नहीं होता। वह देवी जैसी औरत तेरे संग सात जन्मों के लिए न बँधती। और आज जो ख़ुशी तू मना रहा है, वह सब आरव साहब की ही मेहरबानी का नतीजा है।"

इस पर हरि चुप हो पाटिल की ओर देखने लगा था।

फिर आरव के अस्थि प्रवाह के लिए वसुधा वाराणसी पहुँच गयी थी। उसने एक विधवा का परिधान पहन रखा था। रोहिणी, अपूर्वा, भाटिया, रॉबिन, मैडी और मीरा भी उसके संग वहाँ गये थे। सबकी आँखों में आँसू भर आये थे। वसुधा ने चाँदी के उस अस्थिकलश को प्रवाहित कर दिया था।

फिर वहाँ से वसुधा अकेले चल निकली थी। वह एक दूसरे घाट पर खड़ी हुई गंगा के चौड़े पाट को देखने लगी थी। तभी उसे लगा कि आरव उसके सामने खड़ा मुस्करा रहा था। उसके कन्धे पर एक स्लिंग बैग पड़ा था और उसके हाथों में लाइलक फूलों का गुलदस्ता था।

तभी वसुधा के कानों में आरव का स्वर गूँज उठा, ''यह तुमने कैसी पोशाक पहन रखी है, वसुधा! उतार दो इन सफ़ेद कपड़ों को। देखो, मैं तुम्हारे लिए यह लाल चुन्नी लाया हूँ। इसे पहन लो। इसमें तुम बहुत ख़ूबसूरत लगोगी।''

आरव वहाँ से जाने लगा था। ''रुको आरव! जाओ मत! मैं अब तुम्हारे बिना जी नहीं सकती।'' वसुधा ने कहा।

वसुधा की नींद खुल गयी। वह अपने घर पर थी। पाटिल एक बार फिर उसके यहाँ आया था।

''कैसी हो वसुधा?''

''ठीक हूँ।''

''अपने को सँभालो।''

''कोशिश करूँगी।''

''कुछ कहना चाहता हूँ।''

''कहिए।''

''आरव तुम्हारे और साँझ के लिए बहुत रुपये छोड़ गया था। तुमने उन्हें लेने से क्यों इनकार कर दिया?'' पाटिल ने पूछा।

इस पर वसुधा ने कहा, ''इन पैसों पर मेरा कोई अधिकार नहीं है।''

''क्यों नहीं है?''

''मैंने उनके विवाह के प्रस्ताव को ठुकरा दिया था। अपने पति को अधिक महत्त्व दिया। अब उनके पैसे कैसे ले सकती हूँ मैं?''

''मैं तुम्हारी ईमानदारी से बहुत प्रभावित हूँ वसुधा।''

वसुधा ने कहा, ''मैं भी मनुष्य हूँ। मैं भी सब लोगों की तरह आराम का जीवन बिताना चाहती हूँ। पर इस तरह से प्राप्त किये गये धन से नहीं।''

''तुम हमेशा ख़ुश रहो बेटी,'' पाटिल ने उससे कहा।

''आपने मुझे बेटी कहा है, और अब मैं आपसे कुछ पूछना चाहती हूँ।''

''पूछो।''

अपूर्वा भी अचानक वहाँ पहुँच गयी थी।

"क्या पूछना चाहती हो तुम इनसे वसुधा?" उसने पूछा।

"वे बस्तर में किस जगह मरे थे?"

"यह तुम क्यों जानना चाहती हो?" अपूर्वा ने पूछा।

"मैं उस जगह पर जाकर उन्हें धन्यवाद कहना चाहती हूँ।"

तभी पाटिल ने कहा, "वसुधा मैं तुमसे कुछ और भी कहना चाहता हूँ।"

"कहें।"

"हिम्मत नहीं हो रही है।"

"मैं आपकी बेटी हूँ। किसी प्रकार का संकोच न करें।"

"हरि की हक़ीक़त कुछ और है।" वसुधा पाटिल की ओर देखने लगी। उसने फिर कहा, "वह सिर्फ़ एक खिलाड़ी है। उसने जो कुछ भी किया है वह तुम्हारी दृष्टि में महान बनने के लिए।"

"मुझे पहले से मालूम है कि वह झूठा है। अब मैं उसे मन से छोड़ चुकी हूँ। औरत जब किसी को अपने मन से निकाल देती है तो वह फिर उसके बारे में सोचना भी छोड़ देती है, सर।"

फिर भी पाटिल ने वे सारी बातें वसुधा को बता दीं जिन्हें वह जानता था।

हरि जब जेल से बाहर निकल कर अपने घर के पास पहुँचा तो मीडिया ने उसे घेर लिया था।

"अब आप क्या करेंगे?"

"क्या आप वाक़ई में बेगुनाह हैं?"

"आपकी पत्नी और पुत्र क्या आपको स्वीकार करेंगे?"

"आप अपनी माँ को अपने पास रखेंगे?"

"आरव डारा, जो आपकी पत्नी का आशिक़ था, के बारे में आप क्या कहते हैं?"

हरि इस पर बहुत क्रोधित हो गया था और झपट कर उसे दो-तीन चाँटे जड़ दिये थे।

...फिर हरि घर पहुँच गया था। वहाँ पर उसकी माँ सुरेखा, उसका इन्तज़ार कर रही थी।

"वसुधा कहाँ है?"

"वह चली गयी।"

"चली गयी?"

"हाँ, चली गयी।"

"क्यों?"

माँ बोलीं, "उसने मुझसे कहा था 'हरि झूठा और मक्कार आदमी है। वह किसी औरत की इज़्ज़त नहीं कर सकता। अपनी माँ की भी नहीं। मैं उसे छोड़ कर जा रही हूँ माँ। पाँच साल तक मैंने तुम्हारी देखभाल की है। पर अब नहीं कर सकूँगी। मुझे अपना आशीर्वाद दो।' उसके ये शब्द अभी तक मेरे कानों में गूँज रहे हैं। तुम कभी भी उसके लायक नहीं थे।" सुरेखा कुछ पल चुप रह कर फिर कहने लगी, "और हाँ, वह अपना मंगल-सूत्र यहाँ उतार कर तुम्हारे लिए छोड़ गयी है।"

हरि ने देखा कि वह मंगल-सूत्र देवी की मूर्ति के सामने पड़ा हुआ था। वह क्रोधित हो गया।

"वह ऐसा नहीं कर सकती।"

"उसने ऐसा कर दिया है," सुरेखा ने कहा। हरि उसकी ओर जब क्रोधपूर्ण दृष्टि से देखने लगा, तो वह कहने लगी, "यह बहुत पहले हो जाना चाहिए था। पर नहीं हो सका। अब यह हुआ है और मैं इससे बहुत ख़ुश भी हूँ।"

"आपको अपने बेटे से प्रेम नहीं है?"

"है! पर इस रूप में नहीं।"

हरि पाँव पटकता हुआ, वहाँ से चला गया था। वह साँझ के स्कूल में पहुँच गया था।

"मैं अपने बेटे से मिलना चाहता हूँ," उसने प्रिंसिपल से कहा।

"नहीं मिल सकते हैं।"

"क्यों? कैसे रोक सकते हैं आप मुझे। वह मेरा बेटा है।"

"उसे उसकी माँ यहाँ से नाम कटा के ले गयी है।"

"कहाँ?"

"मैं कैसे बता सकता हूँ। यह हमारी ज़िम्मेदारी नहीं है।"

हरि होटल में पहुँच गया था।

"मुझे वसुधा का पता चाहिए," उसने भारी आवाज़ में भाटिया से कहा और उसकी ओर गहरी नज़र से देखने लगा।

"आप कौन हैं?" भाटिया ने पूछा।

"मैं उसका पति हूँ।"

"ठीक है, पर अब हम नहीं जानते कि वह कहाँ है? उसने अब यहाँ कार्य करना बन्द कर दिया है।" भाटिया ने कुछ चिढ़े स्वर में कहा।

इस पर हरि ने कहा, "बता देंगे, तो अच्छा रहेगा।"

"क्या कहने चाहते हो तुम?"

"अगर मैंने उसे ढूँढ़ लिया तो मैं उसे और उसके बच्चे को मार दूँगा," हरि ने भाटिया ने कहा।

फिर वह चिल्ला-चिल्ला कर गाली बकने लगा था। इस पर भाटिया को बहुत ग़ुस्सा आ गया और उसने हरि को धक्के मरवाकर बाहर निकलवा दिया था।

साँझ ने अपनी पत्नी, अवनी से बात करते हुए, हरि के बारे में सब कुछ बता दिया था।

"अवनी, उस मंगल-सूत्र को देखकर मेरे पिता को बहुत निराशा हुई थी। उसने उसे मुट्ठी में जकड़ लिया था। फिर वह माँ की तलाश में इधर-उधर भटकता रहा था।"

"साँझ मुझे और बताओ इसके बारे में!"

"मेरे पिता मेरी माँ को एक लाचार और कमज़ोर औरत समझकर उसे प्रताड़ित करते रहते थे। जब माँ ने उन्हें छोड़ दिया तो उन्हें यह समझ में नहीं आ सका कि कैसे एक मजबूर और सहनशील औरत ने, जो परम्पराओं से पूरी तरह बँधी हुई थी, इतनी बेरहमी से अपने पति को छोड़ दिया। वह जिसके हाथ में उसके पति का नाम लिखा हुआ था कैसे इतनी सख़्त हो सकती है। यह सब सोच कर उनका क्रोध अपनी चरम सीमा पर पहुँच चुका था।"

...साँझ को याद आ गया वह दिन। वह पूरी तरह बदल चुकी थी। अपने और साँझ के पालन-पोषण के लिए वह कलकत्ते में रहने लगी थी। वह अब पश्चिमी परिधान पहनने लगी थी।

और हरि ने उनको वहाँ ढूँढ़ लिया था। साँझ और वसुधा दुर्गा पूजा का कार्यक्रम देख रहे थे। वहाँ हरि अचानक उनके सामने आकर खड़ा हो गया था।

"मुझसे कैसे बच सकती हो तुम!"

शान्त स्वर में वसुधा ने साँझ से कहा ''बेटा, यह तुम्हारे पिता हैं। इनके पाँव छुओ और फिर कुछ देर के लिए हमें अकेला छोड़ दो। हमें बहुत-सी बातें करनी हैं।'' साँझ वहाँ से चला गया था। ''क्या चाहते हो अब तुम?'' उसने कठोर स्वर में हरि से पूछा।

''तुम्हें मेरे संग चलना होगा।''

''नहीं जाऊँगी। मैंने तुम्हारा दिया मंगल-सूत्र उतारकर फेंक दिया है।''

''पर तुम्हारे हाथ पर मेरा नाम लिखा है। और अब यह नाम मैं तुम्हारे पूरे शरीर पर छपवा दूँगा,'' हरि ने बड़े भदेस स्वर में कहा।

''यह अब नहीं हो सकता है।''

''क्या अपनी सारी यादें अब पुराने लिबास की तरह फेंक देना चाहती हो।'' फिर उसने अपनी जेब से मंगल-सूत्र निकालकर कहा, ''तुम्हें इसे फिर से पहनना पड़ेगा।''

''था यह कभी मेरे शरीर का हिस्सा, पर यह अब केवल एक सोने का टुकड़ा मात्र है मेरे लिए। अब मुझे तुम्हारे झूठे बलिदान की असलियत मालूम पड़ गयी है। और अब तुम मेरे कुछ नहीं लगते।''

इस पर भद्दे ढंग से हँसते हुए हरि ने कहा, ''वसुधा, तेरा शरीर मेरा था, मेरा है और मेरा रहेगा। इस जन्म में नहीं, सात जन्मों तक तू मेरी ही रहेगी। भूल जा, अब इस नये ज़माने की औरत को और बन जा वही पुरानी सती-सावित्री। याद रख, जहाँ-जहाँ उसने तुझे छुआ है, वह सब मैं मिटा दूँगा। तेरे पूरे बदन को टैटू से ढँकवा दूँगा।''

''मुझे तेरी औकात मालूम थी...कुत्ता कहीं का... मैं तुझे तेरी जात भुला दूँगी,'' कहते हुए वसुधा ने उसके ऊपर थूक दिया। फिर हाँफते हुए वह कहने लगी, ''चोर, हरामी, भूल जा मुझे हासिल करने का ख़याल भी। अब मैं आरव की विधवा हूँ और अपने संग तुझे बलात्कार नहीं करने दूँगी। इसे समझ ले तो तेरे लिए अच्छा होगा।''

हरि ने अपनी जेब से चाकू निकाल लिया और चिल्लाकर कहने लगा,'' ''मुझे तेरी जैसी रण्डी से यही उम्मीद थी। अब अगर इसे नहीं पहनेगी तो मैं तेरे छोटे-छोटे टुकड़े कर यहीं बिखेर दूँगा।''

वसुधा ने उसे ललकार कर कहा, ''आ, मार दे मुझे! यह मर्दों की दुनिया है। औरत को कभी कोख में मार देते हो और कभी-कभी अपनी ख़ुदगर्ज़ी से! परम्परा के नाम पर। सब कुछ अपने लिए रखते हो।''

''चुप हो जा अब।'' हरि ने कहा।

"नहीं हरि, अब चुप नहीं होऊँगी। सदियों से मर्द ने औरत को दबाकर, कुचल कर रखा। उसे गुलाम बनाया है। मैंने अब इस पारम्परिक गुलामी को उतार फेंका है। मैं अब एक आज़ाद परिन्दा हूँ और मैंने तुम्हारे सड़े-गले पिंजरे को बहुत समय पहले से छोड़ दिया है। अब तू अगर मुझे मार भी देता है तो मैं उसके पास पहुँच जाऊँगी। तब तुझे तेरे पापों से मुक्ति भी मिल जायेगी।" और फिर कुछ रुक कर, एक तीखी नज़र से उसे देखते हुए कहने लगी, "प्यार बाँधता नहीं है। आज़ाद करता है। जिस दिल में प्यार नहीं है, वह नर्क है...बस सिर्फ़ नर्क है वह! वह मेरी ज़िन्दगी में आया और उसने अपने प्यार से सराबोर कर मुझे नर्क से मुक्ति दिलायी। अगर वह देवदूत था तो तू नर्क का पहरेदार ही रहा है। आज भी तू वही है।"

"चुप हो जा अब!" हरि ने कहा।

वसुधा कहती रही, "तेरा नाम हरि है। सिद्ध कर इस नाम की गरिमा को। मुझे मार कर मेरा मुक्तिदाता बन जा। तेरे स्वयं के पाप धुल जायेंगे।"

बाहर दुर्गा माँ की मूर्ति को लोग ले जा रहे थे।

हरि की आँखें फैल गयी थीं। वह पीछे हटते हुए कहने लगा था, "नहीं, मैं तुझे अपने से अलग नहीं होने दूँगा! तू आयेगी वापस फिर मेरी ज़िन्दगी में। इस जन्म में नहीं तो अगले जन्म में...तू आयेगी।"

वसुधा का चेहरा एक आत्मतेज...बल की वजह से देवी...दुर्गा की तरह चमक रहा था।

साँझ अवनी को बता रहा था, "मेरे पिता पागलपन की दहलीज़ तक पहुँच गये थे। दिन-रात वह अपनी कल्पना में देखते कि माँ लौट आयी थी वापस उनके पास। उन्हें बिजली के झटके भी दिये जाने लगे।"

"बहुत दुख भरी कहानी है," अवनी ने कहा।

सुबह की कोमल, सुनहरी धूप कमरे के भीतर फैलने लगी थी।

साँझ ने कहा, "धीरे-धीरे मेरे पिता को भी समझ में आ गया था कि माँ के जीवन में उनका कोई अस्तित्व नहीं रह गया था। माँ अब किसी और की हो चुकी थी। उसकी साँसें अब किसी और की हो चुकी थी। अब वह ख़ुद माँ को उस शक्ति से मिलवा देना चाहते थे जिससे

उन्होंने जीते जी माँ को नहीं मिलने दिया था। शायद यही उनके भटके, पीड़ित मन को शान्ति प्रदान करेगा।

उस सुन्दर फूलों के खेत में अरुणिमा फैल रही थी सुबह-सुबह। हरि ने वहाँ वसुधा की राख को बिखेरना शुरू कर दिया। उसकी आँखों का सूनापन दूर हो गया था। उनमें एक चमक दिखने लगी थी। साँझ और अवनी ने देखा कि हरि की आँखें आँसुओं में डूब रही थीं। प्रायश्चित्त के आँसू थे।

राख बिखेरते हुए हरि कहे जा रहा था, मन्द पर स्पष्ट शब्दों में, ''सही कहा था तुमने वसुधा, प्यार बन्धन नहीं बनता है। यह मुक्ति दिलाने का साधन है। जाओ आज मैंने तुम्हें हर बन्धन से मुक्त कर दिया है। तुम अब अपने प्यार के पास जा सकती हो। ईश्वर तुम्हारी आत्मा को शान्ति प्रदान करे। वसुधा, आज तुम्हारे प्रेम की अधूरी कहानी सम्पूर्णता प्राप्त कर रही है और मैं भी सारे तनाव से मुक्त हो कर, एक गहरी ख़ुशी का अनुभव कर रहा हूँ... जाओ, देखो, दूर उस आसमान की फैलती लालिमा में कोई सूर्य किरणों के रथ पर बैठ कर तुम्हें लेने आया है...!

□□